ISABEL HARTMANN UND REINER KNIELING

Hoffnung. Zukunft. Kirche?

ISABEL HARTMANN UND REINER KNIELING

Hoffnung. Zukunft. Kirche?

Der Sehnsucht auf der Spur
Eine Vision für unser Miteinander

neukirchener

FSC
www.fsc.org
MIX
Papier | Fördert gute Waldnutzung
FSC® C018236

Bibliografische Information der Deutschen Nationalbibliothek:
Die Deutsche Nationalbibliothek verzeichnet diese Publikation in der Deutschen Nationalbibliografie; detaillierte bibliografische Daten sind im Internet über http://dnb.d-nb.de abrufbar.

2. Auflage 2025

Andreas-Bräm-Straße 18/20, 47506 Neukirchen-Vluyn

Umschlaggestaltung: Grafikbüro Sonnhüter, www.grafikbuero-sonnhueter.de,
unter Verwendung eines Bildes © GoodStudio (shutterstock.com)
Lektorat: Hauke Burgarth, Pohlheim
DTP: dtp studio eckart | Jörg Eckart, Frankfurt am Main
Verwendete Schriften: FF Kievit, Heimat Sans
Gesamtherstellung: Dimograf Sp. z o.o., Bielsko-Biała
Printed in Poland
ISBN 978-3-7615-7002-9 Print
ISBN 978-3-7615-7003-6 E-Book

www.neukirchener-verlage.de

In Dankbarkeit gewidmet
den Gefährtinnen und Gefährten
im Netzwerk „Geist und Prozess"

Inhalt

Intro

Wir gehen auf Gutes in der Zukunft zu. Nicht nur auf Gutes. Aber auch. Das ist unsere Überzeugung. Weil wir die Anfänge schon sehen. Weil wir erleben, wie Gutes wächst. Wenn wir es aus dem Blick verlieren, rufen es Gottes Verheißungen wieder in uns hervor: Gutes erwartet uns in der Zukunft. Wir sehen es vor unserem inneren Auge. In diesem Buch erzählen wir davon. Und von den starken Gründen, die es dafür gibt. Wir malen *Hoffnungsbilder*, die uns inspirieren und Fantasie freisetzen dafür, wie es gehen könnte. Sie machen aufmerksam auf das, was es schon alles gibt. Sie machen neugierig auf das, was wachsen könnte. Und sie machen Mut, der Wirklichkeit in die Augen zu schauen und darin Gott zu suchen und zu finden.

Nicht alles wächst auf fruchtbarem Land. Nicht jeder Samen bringt Frucht. Aber die Verheißung ist: Am Ende wird es genügend fruchtbares Land geben. Und die Ernte wird größer sein als der übliche Ertrag. Das ist der Clou im Gleichnis vom Sämann bzw. vierfachen Ackerfeld (Markusevangelium 4,1–9). Vieles fällt beim Säen auf den Weg, unter die Dornen, auf die Felsen. Das ist im Sinne der Nachhaltigkeit nicht sehr schlau. Das Saatgut war auch vor 2.000 Jahren knapp. Warum wirft der Sämann den Samen scheinbar so wahllos auf ganz unterschiedliche Bodenqualitäten?

So erscheint sein Vorgehen sinnvoll: Noch ist nicht klar, was welcher Boden ist. Das wird sich erst zeigen. Jetzt ist großzügiges Ausstreuen gefragt. Vielleicht sogar ein bisschen Verschwendung. Wo Dornen und wo fruchtbares Land sein werden, wird sich erst erweisen. Bis dahin ist unsere Aufgabe: neugierig sein und aufmerksam hinschauen, wo was wächst. Wo fruchtbar ist, was andere vor uns ausgesät haben oder wir selbst vor einigen Jahren. Säen heißt: Hoffnung verbreiten, Vertrauen kultivieren – auch Gottvertrauen, sich ausrichten auf die Kräfte, die Versöhnung stiften. Das ist unsere Aufgabe. Und das Wissen wachhalten, dass die Liebe stark ist und neu entfacht werden kann. Sinne für das entwickeln, was der Welt guttut, Heil und Heilung wirkt und mit göttlicher Kraft verbindet.

Wir sind gespannt, was dort fruchtbar sein wird, wo wir es erwarten. Und dort, wo wir gar nicht damit rechnen. Wir legen uns nicht zu früh fest in unserem Urteil. Vorerst halten wir unsere „Annahmen in der Schwebe“ (Bohm, Der Dialog, 66). Wo etwas eine Zeit lang gut aufgeblüht ist, kann es auf einmal erstickt werden. Gute Kräfte werden gehindert und überwuchert. Das gilt auch umgekehrt: Wo gerade so viel Hartes ist, Dornen und Disteln, Böses und Feindseliges, auch dort kann sich Gottes Keimkraft irgendwann durchsetzen und Wunden heilen lassen, Feindschaften überwinden, Böses entmachten, Zerstörung verwandeln ...

Noch etwas steckt in der Jesus-Geschichte von den unterschiedlichen Bodenarten: Der Ertrag wird 30- bis 100-fach sein, heißt es darin. Das liegt deutlich über dem, was damals zu erwarten war (nämlich 10- bis 30-fach). Aber es ist auch nicht das 10.000-Fache, womit einige für das Ende der Zeiten gerechnet haben. Die Botschaft ist schlicht: Es wird genug sein. Für die nächste Generation und die übernächste und die überübernächste.

In diesem Sinne sind die Hoffnungsbilder in diesem Buch gegenwärtig und zukünftig, realistisch und visionär zugleich, denn vieles wächst schon in der Gegenwart und geht auf die Fruchtbarkeit früherer Arbeit zurück. Anderes wird jetzt ausgesät und in Zukunft Frucht bringen. Wir schauen, wie es groß werden könnte, und lassen uns nicht vom Blick auf trockenen Boden, Gestrüpp und verhärtete Wirklichkeiten irritieren. Für diese Buchlänge halten wir Ausschau nach dem, was wachsen will und Früchte bringt. Wir beschreiben, wie der fruchtbare Boden beschaffen ist, auf dem es wachsen kann, auch wenn wir nicht wissen, wo er überall sein wird und wie die Früchte am Ende genau aussehen. Aber darauf kommt es nicht an. Es kommt darauf an, sich mit Hoffnungsbildern zu nähren. Sonst geben wir den Befürchtungen zu viel Macht.

Manche Hoffnungsbilder werden Ihnen aus Ihrem eigenen Umfeld bekannt vorkommen: Ach ja, so etwas gibt es doch bei uns im Stadtteil auch. Oder in unserer Gemeinde. Wunderbar, dann wünschen wir Ihnen, dass Sie in Ihrem Engagement bestärkt werden. Oder Sie werden erinnert, dass Sie in Ihrem Verein oder einer Initiative etwas Ähnliches erleben. Das Buch lädt ein, neugierig zu sein für all das, was in eine gute Zukunft führt und was in der Verbundenheit mit anderen richtig kraftvoll ist. Lassen Sie sich locken, aufmerksam wahrzunehmen, wo überall Potenzial für ein gutes Miteinander drinsteckt, und die Kraftquellen wieder zu entdecken, aus denen wir alle leben. Das ist schon viel. Vielleicht haben Sie Lust, beim Lesen eigene Zukunftsbilder aufsteigen zu lassen, die Sie und andere beflügeln. „Auf der einen Seite ist schon

> „Auf der einen Seite ist schon mehr da, als man meint. Auf der anderen Seite ist mehr möglich, als sich jetzt abzeichnet."

mehr da, als man meint. Auf der anderen Seite ist mehr möglich, als sich jetzt abzeichnet“, so brachte ein Freund auf den Punkt, worum es uns geht.

Hoffnung ist lebendig, ansteckend, ermutigend. Sie ist aber auch gefährdet, wenn sie überstrapaziert wird. Wenn Menschen den Eindruck haben, sie würden wieder und wieder vertröstet. Auch die Hoffnung von Menschen kann von anderen missbraucht werden, um an den Zuständen nichts ändern zu müssen. Weil das so ist, braucht Hoffnung Schutz und eine Quelle, aus der sie schöpfen kann und erneuert wird. Für uns ist die Sehnsucht eine Brücke zur Quelle. Wenn wir uns auf die *Sehnsuchtsspur* begeben, nehmen wir auf, was viele bewegt, mit denen wir in den letzten Jahren unterwegs waren: Was sie im Herzen tragen, wonach sie sich ausstrecken, was sie sich so sehr wünschen. Sehnsucht weitet die Seele und öffnet für den Himmel. Manchmal aber tut sie auch weh. Weil wir spüren, was wir vermissen, zweifeln, ob das überhaupt möglich ist, was wir uns wünschen. Der Sehnsucht folgen, heißt den Schmerz nicht zu vermeiden. In der Regel wird er kleiner, wenn wir ihn zulassen. Und das andere taucht auf: Was werden könnte; womit ich beschenkt werden könnte, auch wenn es anders ist, als ich es mir im Moment vorstelle.

Augen und Ohren, Herzen und Sinne offen halten für das, was sich positiv entwickeln könnte, ist gesellschaftlich und kirchlich gleichermaßen wichtig.

Wir setzen in diesem Buch voraus, dass die Sehnsucht eine eigene Kraft hat. Schon in der Sehnsucht ist Gott gegenwärtig, nicht erst in der Erfüllung. „Fing nicht auch Deine Menschwerdung, Gott, mit dieser Sehnsucht nach dem Menschen an?“, fragt Nelly Sachs in ihrem Gedicht „Alles beginnt mit der Sehnsucht“. So oft haben wir schon die Erfahrung gemacht, wenn sich Menschen in einem Gremium oder Team gegenseitig von der Sehnsucht im eigenen Engagement erzählen, wächst nicht nur die Verbundenheit, sondern auch die Offenheit für bisher nicht Gedachtes, für Ideen, die einfach geschenkt werden, für kreative Prozesse.

In den vergangenen Jahren haben wir viel erlebt mit Menschen in Entwicklungsprozessen in Gemeinden, Kirchen und Organisationen und viel Wertvolles von und mit ihnen gelernt. Ohne sie wäre dieses Buch nicht möglich, weil sie uns durch ihr Beispiel und ihre Begeisterung versichern: Es ist möglich, in komplexen Situationen in einem guten Geist voranzugehen und kraftvoll zu handeln. Sie teilen unsere Vision von einer guten Zukunft und wollen wie wir Teil der Lösung sein. Augen und Ohren, Herzen und Sinne offenhalten für das, was sich positiv entwickeln könnte, ist gesellschaftlich und kirchlich gleichermaßen wichtig. Und es führt immer wieder zu überraschenden Entdeckungen.

Wir selbst schreiben aus der Perspektive der evangelischen Kirche und wissen uns verbunden mit vielen aus der römisch-katholischen Kirche und aus Freikirchen, die ähnliche Hoffnungsbilder entwickeln.

Wer Lust hat, kann das Buch gerne gemeinsam mit anderen lesen oder diskutieren. Im Kirchenvorstand oder Presbyterium, im Pfarrgemeinderat oder Leitungsteam, im Gesprächskreis oder mit Freundinnen und Freunden. Wenn die Hoffnungsbilder und Sehnsuchtsimpulse in anregende Diskussionen führen und eigene Ideen für die Zukunft entstehen lassen, hat es seinen Sinn erfüllt. Die Impulse am Ende der einzelnen Kapitel sind auch dafür gedacht.

Emskirchen, Ostern 2024
Isabel Hartmann und Reiner Knieling

1. Hier ist es gut. Hier kann ich sein

Kirchen sind attraktiv, weil Menschen in ihrer Kultur aufleben. Das haben Menschen immer erlebt. Aber es gibt eben auch das andere: das Klebrige, die Anpassung, Harmoniedruck und Unfreiheit. Die Schlagzeilen vergangener Jahre haben den Finger in diese Kirchenwunde gelegt. Verantwortliche können nicht länger darüber hinwegsehen. Wahrhaftigkeit wächst. Natürlich nicht von heute auf morgen und natürlich nicht vollständig und überall. Aber die kirchlichen Orte, die Menschen aufrichten, kommen auch gesellschaftlich wieder neu in den Blick. Die Engagierten, Ehren- und Hauptamtliche aus den Kirchen werden freier, sich persönlich zu zeigen. Sie reden mutiger davon, was ihnen im Herzen wichtig ist und wofür sie stehen.

Für all das gilt, was wir im Intro beschrieben haben: Manchmal ist es keimhaft vorhanden, an anderen Stellen deutlich sichtbar, und wir vertrauen darauf, dass es wächst. Wir zeichnen Hoffnungsbilder: gegenwärtig und zukünftig, realistisch und visionär zugleich.

Konsequent von Menschen, ihrer Sehnsucht und ihren Ressourcen ausgehen

„Die Kirche ist um der Menschen willen gemacht und nicht die Menschen um der Kirche willen“, könnte man sagen. Frei nach dem Wort von Jesus: „Der Sabbat ist um des Menschen willen gemacht und nicht der Mensch um des Sabbats willen.“ (Markusevangelium 2,27)

Ist das nicht selbstverständlich? Muss das ausdrücklich gesagt werden? Ist es nicht klar, dass die Kirche den Menschen dient? Natürlich ist das klar, aber es war irgendwie in Vergessenheit geraten. Manche Diskussionen, Entscheidungen und Priorisierungen haben den Eindruck erweckt, als ob es der Kirche vor allem um sich selbst ginge, um den eigenen Erhalt, um Überleben und Bestandssicherung. Das tut ihr genauso wenig gut wie anderen Institutionen, politischen Parteien, Gewerkschaften etc. In dieser Hinsicht teilen sie ihr Schicksal.

Warum sind wir eigentlich da? Und wozu? Diese Fragen werden immer dringlicher gestellt. Sie helfen, andere Blickwinkel einzunehmen, Dinge zu sehen, die aus dem Blick geraten waren, auszubrechen aus dem Kreisen um sich selbst: „Die Kirche ist um der Menschen willen gemacht und nicht die Menschen um der Kirche willen.“

Was ist, wenn wir konsequent von Menschen, ihrer Sehnsucht und ihren Ressourcen ausgehen? Diese Frage wird zu einer Leitfrage in Veränderungsprozessen, für die Kultur in Leitungsgremien, bei neu gewählten Kirchenvorständen und Presbyterien: Was brauchen die Menschen? Welche Kraft steckt in ihrer Sehnsucht? Was tut ihnen gut? Welche Ressourcen sind da? Welche schlummern im Verborgenen? Wie schaffen wir Orte, die Menschen guttun und sie aufrichten?

Wo ihnen das begegnet, wonach sie sich in ihrem Engagement sehnen. Und wo sie sich weiterentwickeln können.

Verbunden damit ist die Einsicht: Wir können nur mit den Menschen arbeiten, die es tatsächlich gibt. Die Lust haben mitzumachen und die dabei sein wollen. Andere sind nicht da. Auch das ist eigentlich selbstverständlich. Warum wurde es nicht viel früher zum Kriterium gemacht? Dafür mag es viele Gründe geben. Einer ist, dass der eigene Anspruch hoch ist und die Idealbilder stark sind: „Wir müssen das, was wichtig ist, doch mit den 50 schaffen, die verblieben sind. Auch wenn wir vorher 100 waren. Wir dürfen nicht aufgeben. Wir sollten doch zumindest versuchen, es auch mit weniger Geld und Menschen zu schaffen." Idealbilder haben eine große Kraft und helfen, Gutes in die Welt zu bringen. Ohne Idealismus würde es vieles nicht geben: Rettungsdienste und Hilfsorganisationen, bürgerschaftliches Engagement und Gemeindeleben. Dass Idealbilder eine Kehrseite haben, ist seit Jahrzehnten bekannt: Menschen lassen sich auslaugen, Helfer können hilflos werden. Das wird immer offensichtlicher. Erschöpfung und Krankenstand steigen. Das belastet diejenigen zusätzlich, die noch da sind. So fragen soziale Einrichtungen und Kirchen verstärkt: Wie können wir unser Miteinander, unsere Kultur so verändern, dass uns unsere Ideale am Ende nicht schwächen oder gar kaputt machen? Wie können wir das Gute darin schützen? Und die Lust und die Kraft stärken, sich dafür einzusetzen? Kurz, wie können wir mit den 50 das schaffen, was 50 Menschen gut schaffen können?

Wie entsteht eine positive Kultur, in der Menschen gesund bleiben?, ist zu einer der Hauptfragen geworden. Weil sich die Einsicht durchsetzt: Nur in einer guten Kultur werden Menschen gerne mitmachen. Wir brauchen eine gute Kultur, um das tun zu können, was uns wichtig ist.

Nur in einer guten Kultur werden Menschen gerne mitmachen.

Mit dem Gespür für die eigenen Idealbilder und ihre Schattenseiten ist noch eine Einsicht gewachsen: Wer vom Ideal ausgeht, spürt immer den Abstand zur Situation vor Ort. Diese Lücke konnte schon in den Jahren mit gefüllten Kassen nicht geschlossen werden. Aber damals konnte man sich noch einreden, dass es gehen könnte. In Zeiten zurückgehender Zahlen (Mitarbeiter/-innen, Finanzen, Gebäude) wird die Lücke offensichtlich. Das schmerzt. Menschen fangen an, dies zu realisieren. Sie suchen Vertrauensräume und geschützte Gespräche, in denen der Schmerz Platz hat. Menschen erleben, wie sich so etwas wandeln kann und sich langsam der Weg zu etwas Neuem öffnet. Es entsteht die Freiheit, zu hohe Ansprüche loszulassen und sich auf das Mögliche zu konzentrieren. Die Ausstrahlung wächst wieder. Menschen bekommen mehr Lust, sich einzusetzen und werden entschiedener, was sie tun und was sie lassen, und Langzeiterkrankungen fangen an, wieder abzunehmen.

Vielen hilft, statt der Idealbilder ihre Sehnsucht zu kultivieren. Manche sagen, sie hätten einen Schalter von den Idealbildern hin zur Sehnsucht umgelegt. Für viele ist die Sehnsucht mehr mit dem eigenen Herzen und der eigenen Energie verbunden als mit Idealbildern. Dort wird natürlich auch spürbar, was noch nicht Wirklichkeit geworden ist. Aber die Lücke fühlt sich anders an als bei Idealbildern. Manchmal ist der Schmerz sogar heftiger und unmittelbarer, aber so kann er sich lösen. Und Menschen finden in ihre Kraft. Im Rückblick sagte eine: „In meinem Herzen kann ich mir nicht so lange etwas vormachen. Da spüre ich schneller, wo meine Kraft wirklich hingeht oder ob ich mich von meinem Idealbild unter Druck setzen lasse.“ Impulse, wie Sie Ihrer Sehnsucht auf die Spur kommen und sie in Ihre Arbeit im Team und Gremium einfließen lassen können, finden Sie in Kapitel 6.

Hoffnungsorte

Die Kultur, die von Menschen, ihren Ressourcen und ihrer Sehnsucht genährt wird, wächst. Und die Aufmerksamkeit dafür steigt. Das bedeutet, dass andere Fragen mit einem neuen Vorzeichen diskutiert werden, zum Beispiel, wie die Formen aussehen können, in denen wir Kirche leben. Es geht nicht mehr um alte versus neue Lieder, nicht mehr um traditionelle versus moderne Gottesdienste, um präsentisch versus digital etc. Es geht um die Frage: Wie gestalten wir das, was wir machen, so, dass davon eine Kraft ausgeht? Dass Menschen erleben, wie ihre Sehnsucht Raum hat und ihre Hoffnung Nahrung bekommt, dass sie im Miteinander Kraft schöpfen für das, was im Alltag zu bewältigen ist, dass sie sich gegenseitig den Rücken stärken für ihr zivilgesellschaftliches Engagement, dass sie getröstet werden, wo es nötig ist und sie miteinander feiern, was gelungen ist.

Kirchengebäude sind Kraftorte: Menschen lassen in der Stille und im Gebet los, was sie bedrückt. Sie schöpfen neue Kraft in der Verbindung mit den vielen, die dort schon gebetet und sich auf das göttliche Geheimnis ausgerichtet haben. In Städten und an Pilgerwegen werden Kirchen als besondere Orte der Besinnung fernab vom Alltag genutzt und geschätzt.

Wie gestalten wir das, was wir machen, so, dass davon eine Kraft ausgeht?

Gottesdienste sind Hoffnungsorte. Sie finden in Kirchen und an vielen anderen Orten statt: in sozialen Einrichtungen wie Kliniken, Seniorenheimen, unter freiem Himmel, auf zentralen Plätzen und in der Natur. In traditionellen und modernen Formen. Was gibt Kraft?, ist zu einer wesentlichen Frage in der Gestaltung geworden. Was richtet auf? Was macht Mut, sich gesellschaftlich einzubringen, wie kann manchmal auch Energie entfacht werden für gewaltfreien Widerstand? Gemeinden sind dankbar, nicht mehr so viele Appelle, was zu tun ist, von den Kanzeln zu hören. Verkündiger/-innen auch, weil es ihnen selbst guttut, von dem zu reden, was uns versöhnt mit der begrenzten Kraft, die wir haben. Und dadurch empfänglich macht für alles, was geschenkt wird und Hoffnung und Zuversicht wachsen lässt.

Gemeinden entwickeln unterschiedliche Profile. Bei manchen stehen die Gottesdienste im Mittelpunkt. Menschen kommen und beten, singen und hören. Und die Gemeinschaft ist wichtig. Vorher da sein oder nachher noch zusammenstehen, mancherorts sogar miteinander essen. Gottesdienste werden von Ehren- und Hauptamtlichen gestaltet. Es ist ein gutes Miteinander gewachsen. Theologisches Denken, Menschenkenntnis, Gespür für Sorgen und Nöte, für Sehnsüchte und Hoffnungen, Erfahrungen aus ganz unterschiedlichen Arbeitsfeldern spielen auf gute Weise zusammen. Und alle Beteiligten profitieren von dem Miteinander, auch weil klar ist, dass das, worum es eigentlich geht, nicht aus uns Menschen kommt. Es wird uns geschenkt; es geht um die Quelle, der wir uns verdanken. Wir lassen uns füllen mit einer Hoffnung, die wir nicht „machen“ können. Wir strecken uns aus nach Versöhnungskraft, die uns auch dann finden kann, wenn sich unser Herz verschlossen hat. Der trockene Boden in der eigenen Seele hat wieder Platz, kann sich ausstrecken nach Gott. Dessen Versprechen ist: „Ich will Wasser gießen auf das Durstige und Ströme auf das Dürre.“ (Jesaja 44,3)

Andere Gemeinden sind mehr durch verschiedene Gruppen und Aktivitäten geprägt: Jugendarbeit, Kinder- und Familienarbeit, Männertreffs und Frauengruppen, Seniorentreffs, und generationenübergreifende Formen, zum Beispiel Senioren und Jugendliche gemeinsam. Manchen ist die LGBTQ-Community ein besonderes Anliegen. Oder Menschen finden sich für bestimmte Aktivitäten, Sport, Ausflüge oder Reisen zusammen. Auch hier stellt sich immer häufiger die Frage: Was unterstützt uns auf unserer Lebensreise? Was lockt uns in die Zukunft? Wie werden wir durch die göttliche Quelle beschenkt? Wie kommt das in die Welt, was wir als gut erkannt haben?

Das, worum es eigentlich geht, wird uns geschenkt.

Gottesdienste haben selbstverständlich ihren Platz in den unterschiedlichen Formen kirchlicher Arbeit gefunden: in Gemeinden, Einkehrzentren und Tagungshäusern, in sozialem Engagement und in der Bildungsarbeit. Schon längst geschieht nicht mehr alles an jedem Ort. Daran gewöhnen sich die meisten, weil sich neben dem Rückgang an Veranstaltungen auch klarer abzeichnet, welche Angebote wo zu finden sind. Das eine bei uns im Ort, das andere ein paar Kilometer weiter. Wieder anderes auf regionaler Ebene. Der Rückgang ist auch deshalb besser zu verschmerzen, weil der Mehrwert von Kirche wieder deutlicher ist. Mit der Profilierung der Angebote ist klar, wo ich eine gute Adresse für dieses oder jenes Anliegen finde. Und wenn Menschen Kirchen, Gruppen, Tagungen als Orte erleben, die der Seele und dem Herzen guttun, spricht sich das herum. Auch Menschen, die Kirche längst abgeschrieben hatten, wagen wieder, diese Gemeinschaft für Projekte, punktuelles Engagement oder Solidarität in den gesellschaftlichen Anliegen zu suchen. Und Menschen, die sich bisher nicht vorstellen konnten, dass etwas anderes als ihr vertrauter Gottesdienst gut sein könnte, lassen sich auf neue Formen ein. All das geschieht nicht von heute auf morgen und nicht als Massenbewegung, aber doch mit dem Gefühl: So kann es gehen. So wird weiter Gutes werden. Kraftvolles Miteinander hat Ausstrahlung.

Eine Kultur, die heilsame Potenziale zur Entfaltung bringt

„Die Kirche ist um der Menschen willen gemacht und nicht die Menschen um der Kirche willen." Das bedeutet auch, dass sie vom Engagement der Menschen lebt. Menschen spüren: Das ist gut so für mich und für andere. Es überfordert mich nicht, weil nicht Wenige alles machen. Das Engagement ist viel breiter geworden. „Wir geben, was wir können, und bitten um das, was wir brauchen", ist ursprünglich ein Grundsatz für gute Gespräche in der Gruppe. Mehr und mehr wird es zur Haltung der Beteiligten und verbreitet sich. Weil Menschen erleben, wie gesund es ist, zu geben – *und* sich zu begrenzen.

Das, wofür Menschen sich einsetzen, wo sie mitmachen etc., das lebt. Anderes liegt auch mal brach. Wenn zum Beispiel gerade niemand für Jugendarbeit da ist, kann sie nicht gemacht werden. Sie geschieht an anderen Orten oder bei anderen Trägern. Und vielleicht finden sich irgendwann wieder Menschen, die sich dafür einsetzen. Das gilt auch für viele andere Bereiche. Die „Grundversorgung", die Begleitung in wesentlichen Lebensveränderungen, die Kasualien werden weiterhin durch die Gesamtkirchen gewährleistet. Verschiedene Landeskirchen finden dafür unterschiedliche Wege.

Eine Kirche, die die Menschen ernst nimmt, lebt von deren Engagement, Einsatz und Bereitschaft. Menschen übernehmen Verantwortung. Für die gemeinsame Musik zum Beispiel im

Chor oder Streichorchester, im Posaunenchor, in der Brassband oder im Lobpreisteam. Menschen haben Spaß am gemeinsamen Musizieren und das kommt rüber in ihrer Musik.

Menschen übernehmen Verantwortung für das, was ihnen wichtig ist: für das Mittagessen, das gelegentlich nach dem Gottesdienst angeboten und gerne angenommen wird. Für einen Treffpunkt im Stadtteil, um Begegnungsmöglichkeiten zu schaffen.

An einem Ort starten zwei Menschen eine Renovierungstruppe für „das, was immer liegenbleibt". Sie haben ihren guten Draht zu Jugendlichen genutzt, um sie dafür zu gewinnen. Sie renovieren bei Menschen, die sich keine Handwerker leisten können. Dabei gibt es viele Gespräche zu den 1.000 Fragen, die es auf dem Weg ins Erwachsensein gibt. Besonders beliebt ist das Feiern zum Abschluss jeder Aktion.

Bei all diesen Formen von Gemeindeleben arbeiten Kirchenmitglieder häufig mit anderen Menschen zusammen. Einfach, weil auch Ausgetretene oder Menschen, die nie Mitglied einer Kirche waren, solches Engagement schätzen. Das ist nicht nur in Kirchbauvereinen im Osten Deutschlands der Fall. Das geschieht genauso in der Flüchtlingshilfe, der örtlichen Tafel, der Hausaufgabenbetreuung. Und selbst bei Gottesdiensten sind manche nicht in Kirche verwurzelte Menschen bereit, mitzudenken und mitzutun. Weil sie neugierig sind auf christliche Rituale in ihrer spirituellen Suche. Manches haben sie schon gefunden. Anderes vermissen sie noch. Jemand aus dem Humanistischen Verband sagt: „Ich habe fast alles, was ihr habt, auch woanders erlebt. Manchmal viel konsequenter als bei euch. Aber eines finde ich besonders bei euch: die Wärme und den Trost." Auch geflüchtete Menschen machen mit, weil sie sagen: „Jetzt bin ich in einer christlichen Umgebung. Jetzt will ich auch genauer wissen, was das ist."

Wo auch immer diese verschiedenen Menschen zusammenarbeiten, profitieren alle. „Kirche mit anderen“ wird selbstverständlich gelebt, wobei es meistens nicht so bezeichnet wird. Christinnen und Christen sind selbstverständlich mit anderen im Austausch über ihre religiösen Erfahrungen oder ihre Sehnsucht, über ihre spirituellen Reisen und Suchbewegungen, auch über die Gründe für die Ablehnung verfasster Religion, ihre Zweifel an Gott ... Christinnen und Christen teilen ihre Erfahrungen und werden durch andere bereichert. Das Miteinander derer, denen es um eine gute Kultur und um gute Lösungen für die Zukunft geht, ist wieder selbstverständlicher geworden.

Dabei wächst auch die Einsicht für das, was die westlichen Gesellschaften den christlichen Wurzeln verdanken, auch wenn es in der Zeit der Aufklärung gegen die damals vorhandenen kirchlichen Strukturen neu zur Geltung gebracht werden musste: Die Überzeugung, dass jeder Mensch Gottes Ebenbild ist und daher eine unantastbare Würde hat. Manche sagen mit einem Schmunzeln: „Manchmal brauchen die Kirchen Leute von außen, damit sie wieder zu dem kommen, wofür sie eigentlich stehen.“ Das ist wie im sonstigen Leben: Manches sieht man selbst einfach nicht. Dafür braucht es den Blick von außen. Solidarität und Nächstenliebe, Menschenwürde und Eintreten für Schwache, all das hat starke christliche Wurzeln. Vielen war es nicht mehr bewusst. Doch die Aufmerksamkeit für das Heilsame im christlichen Glauben wächst.

Die Kraft des Miteinanders ist nicht zu unterschätzen.

Manche denken jetzt vielleicht: Hilfe, wo soll das hinführen? Wenn sich so viel frei entfaltet, wird da nicht zu viel Unkraut, Destruktives mitwachsen? Werden nicht Menschen Situationen schamlos ausnutzen? ... Natürlich gibt es das. Und es ist gut, das im Blick zu haben und zu fragen: Wie stark ist es? Wie sieht es genau aus? All das gibt es ja auch dort, wo die Dinge gut kontrolliert werden. Wer will, findet auch bei bester Kontrolle sein Schlupfloch und kann Systeme für sich ausnutzen. Menschen werden nicht schlechter, wenn sie Verantwortung bekommen, wenn sie sich ausprobieren und experimentieren dürfen. Vielmehr kann das Gute in ihnen Kraft gewinnen. Und mit der neuen Kultur wächst auch die Wachsamkeit für das, was dem Miteinander nicht dient. Es wird schneller angesprochen. Und es gibt gute Instrumente, die heillose Egoismen eindämmen oder ins Leere laufen lassen: Vereinbarungen und Haltungen im Kreis für schöpferische Dialoge und ko-kreative Prozesse (vgl. Kapitel 6). Die Kraft des Miteinanders ist nicht zu unterschätzen. Darüber hinaus werden die Instrumente der Personalentwicklung genauer und wirksamer, unterstützend in der Entfaltung der Potenziale. Aber auch klar in der Kritik bei Fehlverhalten.

Neue Klarheit – auch im Blick auf eigene Abgründe

Noch etwas muss genannt werden, weil es viel zu lange verborgen blieb: systemisch gestützter Machtmissbrauch und sexualisierte Gewalt. Was so erschreckend ist, ist endlich ans Licht gekommen. Viele sind erleichtert, weil es viel zu lange schon den Boden vergiftet hat. Mehr und mehr werden Täter/-innen zur Rechenschaft gezogen und Verantwortliche, die diese geschützt haben. Mit der neuen Kultur, die die Menschen, ihre Ressourcen und auch ihre Bedürfnisse konsequent in den Mittelpunkt stellt, wächst auch Unterscheidungsvermögen für Täter/-innen auf der einen und Tatopfer auf der anderen Seite. Wer Probleme benennt, wird nicht mehr überhört oder gar ausgegrenzt. Hinschauen wird eingeübt, vorgelebt und unterstützt. Wenn jemand – im Bild des Fußballs – übel gefoult wird und der andere noch einmal nachtritt, heißt es nicht mehr: Zu einem Konflikt gehören immer zwei. Da hat doch jeder seinen/jede ihren Anteil ... Auch dass am Ende von denen, die die Gewalttaten erleiden mussten, Vergebung erwartet wird, ohne dass Täter/-innen Einsicht zeigen, Wiedergutmachung anstreben etc., gehört zum Glück nicht mehr zu den üblichen Gepflogenheiten. Und wo es passiert, wird es aufgedeckt und verfolgt. Es gibt Schiedsrichter, gelbe und rote Karten und faire Verfahren. Vorbeugung wird kultiviert. Anzeigen werden erstattet. Auch Mobbing und Bossing werden mehr und mehr aufgedeckt.

„In dem Harmoniemilieu Kirche haben es die wenigen Haifische leicht, weil sie sehr spät gestoppt werden." Jetzt wird es anders.

Früher sagte ein Unternehmensberater einmal über die kirchliche Kultur: „In dem Harmoniemilieu haben es die wenigen Haifische leicht, weil sie sehr spät gestoppt werden." Jetzt wird es anders. Natürlich ist es immer noch irdisch und nicht himmlisch, aber das Böse wird nicht mehr so leicht gedeckt. Die Kultur ist transparenter. Haifische sind besser sichtbar und werden früher gestoppt.

Vom Mangel zur Frage: Was will entstehen?

Mit der sich verändernden Kultur wächst auch die Lust am Gestalten. Und umgekehrt prägt die Lust am Gestalten immer mehr die Kultur der Zusammenarbeit. Eine zentrale Frage in vielen Gremien ist wieder: In welche Aufgaben wollen wir Zeit,

Herzblut, Hirnschmalz ... und Geld investieren? Das Vorzeichen ist natürlich ein anderes als in den fetten 80er Jahren des letzten Jahrhunderts, als eine Stelle nach der anderen geschaffen und ein Projekt nach dem anderen initiiert werden konnten, einfach weil Menschen und Geld vorhanden waren. Dann hat sich der Spardruck wie Mehltau über alles gelegt und die Lust am Gestalten fast erdrückt. Aber Menschen können nicht auf Dauer zurückbauen, die eigene Entbehrlichkeit vorbereiten, die eigene Stelle abschaffen etc. So etwas deformiert irgendwann. So drängte sich eine andere Frage in den Vordergrund: Was wollen wir *gestalten* – mit den Ressourcen, die da sind? So wenig ist das ja gar nicht. Immobilien und Geld sind begrenzte, endliche Ressourcen, aber es sind Ressourcen! Daneben gibt es noch das andere, das nicht so einfach zu vermessen ist und über das Endliche hinausgeht. Die unendlichen Ressourcen bekommen neue Aufmerksamkeit: das Vertrauen, das wächst und nicht verordnet und reguliert werden kann, die Freude an Menschen und ihren Ideen, der Sinn, der im Engagement entsteht, das Gespür dafür, wie wichtig Verbundenheit ist, Gemeinschaft, die trägt und Halt gibt. Kraft zum Aufstehen nach einer Niederlage, Zuversicht auch im Dunkel der Nacht. Dafür steht Kirche doch! Das ist es doch, woraus sie lebt. Menschen treten für andere ein, reden nicht nur über solidarisches Handeln. Menschen sind verwurzelt und haben zugleich einen Blick für das, was dran ist. Das sind enorme Ressourcen. Und darin steckt viel Kraft.

Die unendlichen Ressourcen werden neu entdeckt.

Wie ist es zu neuer Aufmerksamkeit dafür gekommen? Menschen waren es einfach leid, nur auf den Mangel zu schauen und am Ende gar zu glauben, das sei die eigentliche Wirklichkeit, privat genauso wie in Gremien. Was eigentlich selbstverständlich ist, hat an Kraft gewonnen: Wenn wir den Gürtel da und dort enger schnallen müssen, fragen wir nicht nur, was wir einsparen können. Wir fragen auch, was wir mit dem, was uns anvertraut ist an Zeit, Geld, Schaffenskraft, guter Laune etc., uns und anderen Gutes tun können. Und wir fragen, wo es neue Einnahmequellen geben könnte. Alles keine leichten Fragen, aber solche, die die Lust am Gestalten fördern. Kreative, unternehmerische Geister gehen voran. Andere lassen sich überzeugen und mitreißen. Ideen und Fähigkeiten werden zusammengelegt. Unternehmensgeist, Aufbruchslust und Gestaltungswille können sich mehr und mehr entfalten.

Wir Menschen sind Gestaltungswesen. Wir können uns beschränken. Wir können mit wenig auskommen. Wir wollen aber nicht immer nur auf den Mangel schauen. Wir wollen auch in die Zukunft gehen und das gestalten, was wir haben. Wir wollen sehen, was uns gegeben ist und sagen: Auf geht's! Damit fangen wir jetzt etwas an.

Lange Zeit stand das „*Wie*“ im Vordergrund: Wie verteilen wir die Gelder? Wie gewinnen wir Nachwuchs? Wie bauen wir die Kirche um? Wie gestalten wir die regionale Vernetzung? Wie sanieren wir die Gebäude? ... Hier könnten 1.000 weitere Wie-Fragen ergänzt werden. Doch immer mehr Menschen wollten noch etwas anderes. Sie wollten sich auch mit dem beschäftigen, was ihnen auf dem Herzen liegt, was sie gerne in die Welt bringen wollen. Und mit der Zeit setzte sich die Einsicht durch, dass die *Was*-Fragen Aufmerksamkeit brauchen. Was wollen wir in unserer Gemeinde, in unserem Projekt, in unserer Region? Was soll in unserem Gemeindehaus geschehen? Das wird zuerst gefragt. Und ausgehend von den Antworten wird dann die Frage gestellt: Wie viel können und wollen wir dafür investieren? Was-Fragen sind verbunden

Vom Wie zum Was und Warum

mit *Warum*-Fragen: Warum machen wir das gemeinsam? Warum mache ich das? Was motiviert mich? Was sind meine Antriebe, meine Energien?

Auf einmal sind wir wieder bei dem, was manche den „Auftrag“ nennen. Aber nicht so, dass bestimmte Sätze vorgegeben und zu tun sind. Vielmehr setzen sich Menschen in Beziehung zu dem, was in der Diakonie- oder Caritas-Einrichtung als Wertekanon vorhanden ist. In kleinen Gruppen und Vertrauensräumen formulieren sie, was sie davon mit Leidenschaft lieben und was ihnen Mühe macht. Das verbindet, vertieft das Vertrauen und stärkt die Wahrhaftigkeit. In Gemeinden passiert Ähnliches: Menschen tauschen sich aus, wie das Evangelium in ihrem Leben seine Kraft entfaltet, wo und wie sie Gemeinschaft erleben und vermissen, was ihnen an der Ausrichtung auf Gott wichtig ist und wohin sie sich gerufen sehen ... Auch hier wachsen Wahrhaftigkeit und Freiheit und ein neues Bewusstsein für die Frage: Warum machen wir das? Warum mache ich das?

Raum für Zweifel, Schmerz und neue Perspektiven

Kirchen sind attraktiv, weil Menschen in ihrer Kultur aufleben. Das fängt bei jeder und jedem Einzelnen an. Und es braucht sichere Räume, in denen das geschehen kann. Wir erleben es selbst immer wieder und hören es häufig von anderen, dass Menschen, die irgendwie mit Kirche verbunden sind, Vertrauensräume suchen, in denen sie ehrlich sein können. Sie wollen sagen, was ihnen Mühe macht. Auch neu nach den Kraftquellen zu suchen, hat seinen Platz. Das folgende Beispiel zeigt etwas davon:

Die letzten Jahre gingen an seine Substanz, nicht körperlich – dazu war er noch zu jung und gesund –, aber von seinen inneren Kräften her. Mit Schwung war er in seinen Beruf gestartet und liebte die Arbeit mit den Menschen in der Gemeinde. Doch die Freude wurde in den Umbruchszeiten mehr und mehr gehemmt. Den Auslöser für seine Durchhänger konnte er gar nicht direkt ausmachen, sie kamen ohne Vorwarnung. Spürbar wurde es am Abend und vor allem in der Nacht, wenn ihn die Unruhe wachhielt. Dann stellte er alles infrage, sein Engagement, die Wirkung und vor allem den Sinn. Die vielen Schauplätze zogen vor seinem inneren Auge vorbei, die Begegnungen im Seniorenheim, mit Jugendlichen, dem Kita-Team, die unzähligen Stunden über Bauplänen mit dem Kirchenvorstand ... Und wenn doch alles eine große Täuschung ist? Der ganze Aufwand, um den Menschen den Glauben an Gott näherzubringen, die vielen Stunden und Gedanken zu Predigten, Unterricht und guten Räumen im Gemeindezentrum. Natürlich ist seine Arbeit sinnvoll, und doch gibt es immer weniger Menschen, die sich gewinnen lassen. Die Zahlen der letzten Studien haben es unmissverständlich deutlich gemacht. Auch in seiner Gemeinde gibt es immer wieder Austritte. Für ihn sind es nicht nur Zahlen, er kennt die Gesichter dazu und hat mit manchen eine Geschichte. Kollegen sagen, damit müsse man halt leben, die Menschen kämen auch ohne die Kirche klar. Wenn er wieder einigermaßen bei Kräften ist, kommt die nächste Nachricht: Das sanierungsbedürftige Tagungshaus muss verkauft werden, wo sie bisher zu Konfi-Freizeiten hinfahren. Und so geht es weiter. In den Nachtstunden besucht ihn all das und hinterlässt Fragen und ein dumpfes Gefühl. Er kann es nicht einfach wegstecken. Im Alltag funktioniert er, da kann er auch Ehrenamtliche aufmuntern. Aber in der Nacht sind die Zweifel da: Und wenn doch alles umsonst ist? Wo ist denn Gottes

Kraft? Für gute Werte und Nächstenliebe einzutreten, ist wichtig. Aber mir ist es zu wenig. Braucht man uns überhaupt noch? Als Kirche? Man müsste doch mehr spüren von Gott. Wozu das alles sonst?
Vielleicht gehört das zur Lebensmitte, versucht er sich zu beschwichtigen. Die Öffnung bringt ein Klausurtag mit den Kolleginnen und Kollegen im Bezirk. Es geht thematisch nicht um die strukturellen Anpassungen an sich. Das Thema ist, wie es ihnen allen damit geht. Im Gespräch mit einem Kollegen erzählt er von seinen Nächten und dem Zweifel, der dann aufkommt. Es tut ihm gut, es auszusprechen, klar und deutlich, nicht nur andeutungsweise. Der Kollege nimmt es mitfühlend auf. Später wird auch er offener und vertraut ihm an, wie sehr ihn der Rückgang belastet. Wie schwer ihm die Ohnmacht fällt. Und dass er es nicht aufhalten kann. „Ich weiß es ja im Kopf, aber dann schleicht es sich unterschwellig wieder ein: Vielleicht habe ich den Dreh nur noch nicht gefunden. Vielleicht könnte ich es in meinem Bereich doch irgendwie stoppen." Sie wirken beide entlastet und gelöster, als sie von ihrem Waldspaziergang zurückkommen und das Programm weitergeht. Es war wie ein tiefes Ausatmen der Seele. Und sie verabreden sich für die Zeit danach. Sie nehmen sich vor, dass sie es beim nächsten Durchhänger nicht mit sich alleine ausmachen werden. Einer ruft den anderen an und sie treffen sich innerhalb von wenigen Tagen auf einen Spaziergang oder ein Bier. Das ist jetzt drei Jahre her. Sie wollen ihre gemeinsamen „Dates" nicht mehr missen. Sich den Zweifel oder den inneren Druck von der Seele zu reden, das ändert zwar die Fakten nicht, lässt die beiden aber wieder durchatmen und stärkt das Vertrauen. Irgendwie auch das Vertrauen in Gott.
Sie halten sich an einen Tipp für den Ablauf ihres Gesprächs, den sie damals an diesem Klausurtag mitbekommen haben:

Wenn einer erzählt, hört der andere nur zu und geht innerlich mit, bis der andere ausgeredet hat. Er verzichtet auf kluge Ratschläge, Kommentare, Bewertungen. Es ist mehr wie ein Hören vor Gott und ein Reden vor Gott. Auch ein Seufzen, lautes Zweifeln ... Es fühlt sich an wie ein größerer Raum. Größer als die beiden, die gerade reden und hören. Und in diesem Raum darf alles sein. Schon das ist eine große Erlaubnis, eine Entlastung und der Boden, auf dem neues Vertrauen wächst. Auch wenn es sich am Anfang noch gar nicht so anfühlt.
Als die beiden ein bisschen mehr miteinander vertraut wurden, haben sie noch eine andere Frage in ihre Gespräche hineingenommen. Die Anregung kam aus einem Video, auf das einer zufällig stieß. Die Frage heißt: Wo erlebst du etwas aus der unsichtbaren Welt? Und wie erlebst du es? In dem, was du erzählt hast? Oder an einer anderen Stelle? Die Frage gibt es in verschiedenen Klängen: Wo erlebst du etwas von der Lebensquelle, aus der wir leben? ... aus der göttlichen Dimension? ... von der Wirksamkeit Gottes? ... der Kraft der Liebe? Diese Fragen lenken den Blick auf das, was ohnehin immer mal wieder auftaucht. Und macht bewusster, was sonst leicht untergeht in all dem anderen.
Im Rückblick auf ein Date erzählt einer der beiden Freunde: „Letzte Woche war ich mit meiner Pädagogik am Ende. Wir haben gerade eine sehr schwierige Phase in der Konfiarbeit, einen dicken Konflikt mit einigen Jugendlichen und auch mit den Eltern. Sie drohten uns, ihre Kinder vom Konfi abzumelden. Dann hörte ich die Frage: Wo erlebst du etwas vom Wirken Gottes? Und wie erlebst du es? Da fiel mir erst einmal gar nichts ein. Ich war so fixiert auf mein Problem hier und jetzt. Wir sind ein paar Minuten gelaufen. Ich musste erst einmal durchatmen und meinen Blick in die Weite richten. Dass unser Weg auf der Höhe verlief, half mir dabei. Dann fiel mir auf einmal eine Begegnung

ein aus dem letzten Konfi-Jahrgang. Da gab es einen Jugendlichen, mit dem es richtig schwierig war. Ich war dann später bei seiner Konfirmationsfeier eingeladen und ganz am Ende, beim Verabschieden, kam der Vater mit mir raus und dankte mir, dass ich seinen Jungen in diesem Jahr begleitet habe: Die Konfizeit sei für ihn so wichtig gewesen. In der Schule lief es schlecht, auch sie als Eltern hatten ein heftiges Jahr mit ihm hinter sich und wenig Zugang zu ihm. Die Konfigruppe sei für ihn wie ein Anker gewesen. ‚Danke, dass Sie ihn nicht aufgegeben haben', sagte er mit Tränen in den Augen. Mir kam dieser Moment in Erinnerung. Er hat mir damals viel bedeutet. Auch jetzt noch, damit änderte sich meine Stimmung und es wurde mir bewusst: Es ist doch immer mehr da, als ich gerade sehe."

Feiern, was wächst und was wir lieben

Feiern konnten manche schon immer. Von anderen wurde es neu entdeckt. Auch im Sinne der amerikanischen Celebrating-Kultur: „I celebrate you." Freunde richten die Geburtstagsfeier für einen aus oder ein kleines Fest zur neuen Arbeitsstelle: „We celebrate you." Feiern und Mitfreuen zu kultivieren, hat seine eigene Kraft. Dem, was uns geschenkt wird, einen würdigen Platz geben. Das ehren, was gelingt. Mehr und mehr verlieren Erfolge den Beigeschmack der Egoismen.

Mit diesen Veränderungen wurde mehr und mehr bewusst, dass etwas im Hintergrund ziemlich viel Energie gebunden hat: der Neid. Unangenehm und doch vorhanden. „Neid ist die kirchliche Form der Anerkennung", war gelegentlich zu hören, mal scherzhaft, mal bitter. Viele haben – fast unbewusst – eine Kunst ausgebildet, nur nicht den Neid anderer zu provozieren. Das bindet Energie. Andere Menschen, die sich mit ihren Begabungen und ihrer Gestaltungskraft nicht zurücknehmen wollten, sind gleich andere Wege gegangen. Immer sichtbarer wurde, wie sehr das dem Ganzen geschadet hat. Und dass wir einen anderen Umgang mit Ideen und Stärke und Erfolg brauchen. Das ist nicht einfach, aber das Problembewusstsein wächst.

An vielen Orten werden bewusst neue Haltungen eingeübt. Und dazu gehört, sich mit den Erfolgen anderer mitfreuen zu können. Auch was in der Nachbarschaft wächst, trägt zur guten Ernte bei und erhöht die Freude am Gemeinsamen. Es gehört dazu, das zu zeigen, was wir lieben und unsere Leidenschaft weckt. Auch unabhängig davon, wie viel zu sehen ist. Liebe und Hingabe werden geschätzt und gefeiert im Vertrauen, dass in allem ein Keim für etwas Verheißungsvolles stecken kann. Sich in der Ausrichtung auf Gottes Liebe zu verbinden, hat Ausstrahlung. Menschen entwickeln mehr und mehr Mut, aus dem eigenen Herzen zu sprechen und sich selbst zu zeigen. Mit ihrem Gottvertrauen und ihren Zweifeln, mit ihrer Sehnsucht und ihren Grenzen. Und wenn's mal nicht klappt, hat die Gemeinschaft Wege entwickelt, um gut damit umzugehen, sich selbst nicht ganz so ernst zu nehmen ...

> Es gehört dazu, das zu zeigen, was wir lieben und was unsere Leidenschaft weckt.

Was Frucht trägt und erfolgreich ist, wird geschützt. Projekte werden so angelegt, dass sie nachhaltig sein können. Sie werden nicht mehr beendet, wenn sie anfangen zu blühen. Die Sorge vor Präzedenzfällen ist fast Vergangenheit. Was neu aufwächst oder was in vorhandenen Formen frischt erblüht, ist immer ein bisschen anders als anderes und hat manchmal wegweisende Bedeutung. Eine Kultur ist gewachsen, in der die Selbstwirksamkeit der Menschen gefördert und nicht begrenzt wird. Begabungen entfalten sich. Einander zu vertrauen, gehört zum guten Ton und das Misstrauen darauf zu konzentrieren, wo es angebracht ist, um sich zu schützen, Schaden abzuwenden etc. Eine Kultur der Wertschätzung dessen, was die andere Person einbringt, und der gegenseitigen Unterstützung breitet sich aus. Auch Menschen, die vor Jahren sagten, es herrsche das pure Misstrauen in ihrem Gremium, lassen sich anstecken. Oft fängt es im Kleinen an: Eine Person geht auf eine andere zu, zeigt etwas von der eigenen Schwäche, und die andere Person nutzt es nicht bei der nächstbesten Gelegenheit aus: beim Ringen um Personal, Finanzen, Baufragen. Aus zweien werden drei, spielen sich Bälle zu, stecken ein ganzes Gremium an. Das alles braucht Zeit und setzt sich nicht überall durch, aber an vielen Stellen verbessert sich die Kultur spürbar. Was konkret dazu beiträgt und wie es gehen kann, zeigen wir in Kapitel 6.

Das wirkt auch nach außen. Die Glaubwürdigkeit öffentlicher Rede hat zugenommen. Es ist zu spüren: Diese Leitungsperson redet gerade von dem, was sie erlebt. Vor Jahren noch hatte man oft das Gefühl, Sonntagsreden und Montagsrealität stünden sich diametral entgegen. Als Heuchelei und Scheinheiligkeit haben es viele erlebt. Das ändert sich. Die Kirche wird kleiner, aber nicht schwächer, weil die Wahrhaftigkeit wächst. Und damit die Stärke und Ausstrahlung.

Impulse zur eigenen Vertiefung

Vielleicht haben Sie Lust, selbst auf Spurensuche zu gehen oder mit Freundinnen und Freunden oder in einer Gruppe darüber ins Gespräch zu kommen. Hier finden Sie ein paar Impulse, die dazu anregen:

- Welche Resonanzen sind beim Lesen entstanden? Wo docke ich an?
  - Das erlebe ich so ähnlich oder ganz anders.
  - Danach sehne ich mich. Danach suche ich.
  - Wer oder was unterstützt mich in meiner Sehnsucht?

Für Ihre Notizen:

Wie ist es, wenn es in sieben Jahren gut ist? – Tool für die Gruppe

Wer einmal etwas anders herangehen möchte, auch in der Gruppe, kann einen Impuls aus dem kreativen Schreiben aufnehmen. Das geht so: Sie haben ein Heft oder leeres Blatt Papier vor sich und nehmen sich zehn Minuten Zeit. Schreiben Sie zu einer bestimmten Frage immer weiter, was Ihnen spontan in den Sinn kommt. Setzen Sie den Stift an und schreiben einfach drauflos, immer weiter ohne Pause und ohne den Stift abzulegen. Wenn Ihnen nichts mehr einfällt, schreiben Sie „gerade fällt mir nichts mehr ein ..." und Sie werden sehen, da kommt wieder eine Idee, ein Einfall ...

Die Frage, für die Sie diese Methode nutzen können, ist folgende: Wenn es gut ist in unserer Gemeinde (in meinem Team, in meinem Gremium ...), wie wird es dann in sieben Jahren sein?

Wenn Sie es in einer Gruppe durchführen, ist es gut, erst die Methode zu erklären, und dann die Frage zu stellen. Bitte stellen Sie die Frage nicht schon Tage oder Wochen vorher, denn was unmittelbar kommt, ist häufig interessanter als das, was lange vorbereitet wurde.

Und noch ein Hinweis: Dinge positiv zu beschreiben, ist anstrengender, als sich den Untergang vorzustellen, Dystopien zu entfalten etc. Übungen zeigen: Auf die Frage, was nötig ist, damit die komplette Arbeit in den nächsten drei Monaten den Bach runtergeht, erzeugt die Fantasie drei- bis viermal mehr Stoff, noch dazu leichtgängiger. Natürlich kann man auch das machen und seine Schlüsse daraus ziehen, wir halten es aber für lohnender, die Impulsfrage positiv zu formulieren, auch wenn es anstrengender ist. Denn in den positiven Bildern, die in uns entstehen, wohnt eine eigene Kraft.

2. Grundlegende Transformationen

Es wird immer offensichtlicher: Marginale Veränderungen führen uns nicht weiter. Hier eine neue Initiative, dort eine Jugendkirche. Hier eine frische Ausdrucksform von Kirche, dort die Erprobung eines neuen Miteinanders. Das ist hilfreich und gut. Es führt aber nicht zu den Veränderungen, die sich viele seit vielen Jahren erhoffen.

Es wird immer offensichtlicher: Für grundlegende Transformationen sind Veränderungen in den Leitungsgremien und Steuerungszentralen notwendig. Viele ahnen das oder wünschen es sich. Deshalb machen sie sich trotz aller Widrigkeiten auf den Weg. Sie wollen die Hoffnung nicht sterben lassen. Sie sind entschlossen, die Strukturen an die Menschen und ihre Ressourcen anzupassen und nicht umgekehrt.

Wir skizzieren, was werden könnte. Wir wissen, dass es realistisch ist im Sinne von „wirklich möglich". Wir wissen auch, dass es visionär, teilweise vielleicht sogar utopisch ist ... Wir sagen nicht, dass es so kommen muss – schon gar nicht flächendeckend –, und können uns lebhaft auch eine andere Zukunft ohne diese Transformationen vorstellen. Wir zeichnen bewusst diese Hoffnungsbilder, weil wir erleben, wie sie Menschen Kraft geben. Wir trauen der Verheißung, dass es genügend fruchtbares Land geben wird und genügend Menschen, die mit ihren Werkzeugen dem dienen, was wachsen will. Wie viel das mengenmäßig sein wird, können wir nicht prognostizieren. Aber wir erleben, dass von denen, die auf solchen Wegen unterwegs sind, eine Kraft ausgeht. Deshalb geben wir uns hier mal eine Erlaubnis zum Träumen – im Sinne von groß und kräftig werden lassen, was es längst gibt. Oder anders: Wir schauen auf die Potenziale, die vorhanden sind. Und fragen, was wäre, wenn sie sich entfalten, ausbreiten und groß werden würden?

Im Mittelpunkt der Gremien: die Menschen

Wie bildet sich das, was sich schon jetzt entwickelt, in Leitungsgremien ab? Wir konzentrieren uns auf Weniges. Es geht uns um die Richtung, und wir schauen aus der Zukunft zurück: Gremienarbeit hat sich ziemlich verändert. Es wurde immer schwieriger, Menschen für Leitungsgremien zu finden. Bei Kirchenvorstands- und Presbyteriums-Wahlen konnten die Kandidat/-innen-Listen vielerorts nicht mehr gefüllt werden. Das betraf auch die Kreis- und Landessynoden. Es gab einfach nicht mehr genügend Menschen, die Zeit und Energie hatten, sich das jeweils nötige Basiswissen für gefühlte 1.000 Tagesordnungspunkte anzueignen. Sich im Gremiengeflecht überhaupt zurechtzufinden, war ja schon an sich schwierig genug: durchschauen, was im Hintergrund vorbereitet werden muss. Ein politisches Gespür entwickeln, was innerhalb der vorhandenen Mehrheiten geht und wofür gerade kein Platz ist. Manchmal schien es, als ob die Synoden ein Eigenleben bekommen hätten. Eine wachsende Zahl hatte das Gefühl, mit ihren Interessen aus der Arbeit vor Ort immer weniger vertreten zu werden. Manche fragten sich bei bestimmten Entscheidungen: „Wie konnte das denn passieren? Das sind doch vernünftige Menschen. Was hat die denn geritten?" Andere sagten: „Wir machen uns was vor, wir wollen demokratisch sein und verlieren die Mehrheit der Leute aus den Augen."

Irgendwann wurde der Handlungsdruck zu groß. Das System musste verändert werden. Die Veränderungen waren möglich, weil die Zeit reif war, Illusionen abzulegen und der Wirklichkeit in die Augen zu schauen. So wurde untersucht und transparent gemacht, wie die Macht im System verteilt ist. Man konnte deutlicher erkennen, welche Einzelpersonen und welche Gremien wo und wie Einfluss haben, welche Mandate es gab und welche Machtzentren außerhalb von offiziellen Mandaten. An manchen Stellen hatten sich die Macht und Verantwortung durch Kürzungen so sehr verdichtet, dass sie von einer Person nicht mehr zu leisten waren und die Qualität der Leitungsentscheidungen nachlassen musste. Konsequent von Menschen, von ihrer Sehnsucht und ihren Ressourcen her zu denken, wurde folgerichtig auch auf Leitungspersonen bezogen: Was ist leistbar? Und was nicht? Einzelne Leitungspersonen haben angefangen, ihre Motive genauer anzuschauen: Was habe ich davon, wenn ich den Daumen heben oder senken kann? Welche Befriedigung? Welche Last? All das konnte nach und nach thematisiert werden und trug wesentlich zur Transformation bei – zusammen mit dem steigenden Druck im Kessel.

Jetzt sind deutlich weniger Menschen in den Gremien. Die Hierarchien wurden schlanker, die Verantwortlichkeiten transparenter. Es kommen weniger Punkte auf die Tagesordnung. Und die werden mit mehr Zeit und gründlicher bearbeitet mit guten Erfolgen für die Nachhaltigkeit der Lösungen: Es gibt weniger „Dauerbrenner", die immer wieder auftauchen und Zeit fressen. So ist das Pensum gut zu schaffen. Mit der sich entwickelnden Kultur sind Methoden selbstverständlich geworden, durch die sich signifikant mehr Menschen gesehen und einbezogen wissen. Diese tragen die Entscheidungen dann auch selbstverständlicher mit und bringen sie mit ihrem Engagement in die Welt.

Endlich sind Formen gefunden, in denen sich Menschen als Ganze in Entscheidungsprozesse einbringen können:

Auch im Miteinander der Gremien geht es um die Menschen, ihre Ressourcen und ihre Sehnsucht: um Vertrauen, um Lösungsfindung, um eine Kultur, die Potenziale zur Entfaltung bringt. Das ist mit der Einsicht verbunden, dass jeder Mensch, jede Entscheidungsträgerin, jeder Engagierte nicht nur Gedanken, nicht nur einen Kopf, sondern auch ein Herz hat, eine Seele, Bedürfnisse und Anliegen. Und die spielen bei Entscheidungsprozessen eine wichtige Rolle. Klug ist, wer sie einbezieht. „Jetzt sei doch mal vernünftig", heißt nicht mehr: Lass die Gefühle draußen und die „reine Vernunft" entscheiden. Es heißt jetzt: Zeig uns, was dir wichtig ist! Die Aufmerksamkeit für den *Menschen als Ganzes* wächst (vgl. dazu Kapitel 3 und 6). Manche sind froh, dass sie darüber jetzt besser reden können. Sie haben immer gewusst, dass oft auf der Sachebene ausgefochten wird, was sich eigentlich woanders verbirgt: „Du hast beim letzten Mal nicht für mein Anliegen gestimmt. Jetzt stimme ich nicht für deines." Wie oft bekamen Menschen „einen Hals", manchen verschlug es die Sprache, gelegentlich brüllte einer den anderen an. Das kommt immer noch vor. Aber deutlich weniger. Denn das, was

mit ihren Gedanken und ihren Gefühlen, mit ihrer Ratio und ihrer Leidenschaft, mit ihrer Sympathie und ihrem Widerstand.

in Menschen vorgeht, wird ausdrücklich in die Prozesse einbezogen und bekommt eine Stimme, bevor der Ärger sich aufstaut und eskaliert. Wenn harte Kürzungsentscheidungen getroffen werden müssen, sind Menschen natürlich emotional beteiligt. Ihnen liegt ihre Kirche ja am Herzen. Schmerz und Herzensanliegen brauchen Raum.

Endlich sind Formen gefunden, in denen sich Menschen als Ganze in Entscheidungsprozesse einbringen können: mit ihren Gedanken *und* ihren Gefühlen, mit ihrer Ratio *und* ihrer Leidenschaft, mit ihrer Sympathie *und* ihrem Widerstand. Angst, Unsicherheit und Wut müssen nicht mehr versteckt werden. Führungskräfte dürfen ihre Bedürftigkeit entdecken. Ihnen fällt auf, wie oft sie Ohnmachtsgefühle bisher einfach weggeschoben haben. All das führt in die Freiheit und hat ganz nebenbei heilsame Wirkungen, weil es nicht mehr im Untergrund wuchert und zur Härte sich selbst gegenüber oder zu Zynismus, Feindseligkeiten und Misstrauen führt. Das Mehr an Wahrhaftigkeit und Vertrauen sorgt mit dafür, dass Lösungen nachhaltiger wirken.

Lebendiges Engagement

Wenn wir das, was wir an vielen Orten schon jetzt erleben können, in die Zukunft verlängern, sehen wir Hoffnungsbilder für lebendiges Engagement vor unseren Augen. Nicht flächendeckend, aber überall dort, wo sich der Boden als fruchtbar erweisen wird. Viele lassen sich locken. Wenn eine Aufgabe interessant ist, ist es kein Problem, Ehrenamtliche zu finden. Und die Initiative dazu kommt von überallher, nicht nur von Menschen, die sich zum Kern der Gemeinde zählen. Menschen interessieren sich wieder verstärkt für kirchliche Berufe:

weil nicht immer mehr Menschen mit immer weniger Mitteln versorgt werden müssen. Weil die Verantwortungsbereiche nicht immer noch größer werden. Die Aufgaben sind auf ein realistisches Maß begrenzt und bieten zugleich Freiräume. Engagement bei den Kirchen ermöglicht, was sich viele für ihre Arbeit wünschen: Zeit zu haben für Menschen, in der Jugendgruppe, in Seelsorge, in Bildungsarbeit, im Einsatz für soziale Gerechtigkeit oder in diakonischen Diensten, in Projektarbeit für gesellschaftliche Anliegen, zum Beispiel bei „Demokratie stärken" u.v.m. Menschen erleben, wie sie geben und beschenkt werden in ihrem Beruf oder Ehrenamt. Und wie Verwaltungsaufgaben und Online-Meetings effizient gestaltet sind. Auch die verbesserten Arbeitsbedingungen ziehen Menschen an.

Mit diesen Veränderungen in Leitungsstrukturen und an der Basis geht einher: Personalabteilungen sind so besetzt, dass Menschen mit einem Blick für die Bedürfnisse der Mitarbeitenden und die Aufgaben vor Ort die Verantwortung tragen. Mit einem Blick auch für verborgenen Potenziale. Und für das, was nötig ist, damit diese Potenziale zur Entfaltung kommen. Menschen die Personalverantwortung haben, die beides überschauen: Wer passt wohin? So dass es gut für ihn oder sie ist. Und gut fürs Ganze. Dass das nicht immer ganz aufgeht, ist klar. Aber die Kultur und die Haltungen haben sich geändert. Mitarbeiterinnen und Mitarbeiter spüren: Was ich zu geben habe, ist gewollt. Die Leitung ist daran interessiert, einen guten Platz für mich zu finden. Mitarbeitende erleben, dass es in den Personalentscheidungen um sie als Menschen mit ihren Ressourcen geht.

> Kirchen setzen viel ein für ein schlankes Regelwerk mit viel Freiraum.

Auch die Rechtsabteilungen werden umgebaut. Führungskräfte mit Gestaltungskraft klagen nicht mehr: „Neun von zehn kreativen Ideen scheitern an Regeln und Vorschriften." Mehr und mehr werden Regeln und Vorschriften so angepasst, dass Ideen Platz haben und ausprobiert werden können ... Juristischer Sachverstand wird nach Bedarf eingekauft und an wenigen zentralen Stellen auch vorgehalten. Einstellungskriterium für Juristinnen und Juristen ist neben der Fachkompetenz die Lust am Entwickeln neuer Lösungen und das Interesse am Schaffen offener, kreativer Räume. Kirchen setzen viel ein, um ein schlankes Regelwerk mit viel Freiraum für Verantwortliche, Gremien, Gemeinden, Regionen zu schaffen. Mit Freiraum für Lösungen, die zu den regionalen Besonderheiten passen. Und die nicht verallgemeinert werden müssen.

Zu den Bildern von einem guten Miteinander gehört auch, dass Teams und Kooperationen nicht die Lösung für alle und jede Situation sind. Wo Zusammenarbeit in Nachbarschaftsräumen gelingt, wachsen gute Früchte. Selbstverständlich beinhalten Ausbildungsgänge zu den verschiedenen Berufen Schwerpunkte und Trainings dazu: Wo und wie gelingt Kooperation? Was sind die Grenzen? Wie gehen wir konstruktiv mit Konkurrenzen um? Und mit Konflikten? Aber das macht natürlich nicht alle zu Teamplayern. Auch Menschen, die einfach vor sich hinarbeiten, etwas wegschaffen oder ihr Ding machen, sind gefragt. Und Menschen, die einfach nicht geschaffen sind für zig Teamabstimmungen und besser anders zu ihrer Höchstform kommen. Sie sind richtig gut in der Begleitung von Menschen in Gemeinden, Krankenhäusern und Alten- und Pflegeheimen. Oder sie blühen auf, wenn sie auf einer Bühne gebraucht werden und dort mit ihrem Talent dem Ganzen dienen. Teamplayer *und* Solitäre werden gleichermaßen geschätzt.

Am meisten Zulauf haben Kirchen, die ihre Strukturen einem kritischen Prozess unterzogen haben. Das Ergebnis: Vorschriften, die im Weg standen, wurden abgeschafft oder geändert. Schützenswertes wird weiterhin geschützt. Aber Gesetze und Verordnungen wurden so gestaltet, dass all die einschränkenden Nebenwirkungen spürbar reduziert wurden. Die Leitfragen sind: Was ist das, was wirklich geregelt werden muss? Welche Spielräume sollen bewusst eröffnet werden? Welche Festlegungen wollen wir ausdrücklich *nicht* vornehmen, damit wir flexibel genug reagieren können?

Pläne für Strukturanpassungen, für Gebäude und Personal werden mehr und mehr so gestaltet, dass gut nachgesteuert werden kann. Es wird einkalkuliert, dass sich eine Gemeinde, Einrichtung oder Region vielleicht anders entwickelt als gedacht. Oder dass neue Herausforderungen selbstverständlich zu einer Korrektur von Schwerpunktsetzungen führen.

Geschätzt wird auch, dass Menschen mitmachen können, ohne gleich Mitglied werden zu müssen. Und dass verschiedene Formen des Sympathisierens mit den christlichen Kirchen willkommen sind. So kann eine neue Supportkultur wachsen. Man kann Mitglied sein mit all dem, was dazugehört. Aber es gibt auch andere Formen der Unterstützung: finanziell und durch Zeit und Engagement. Menschen bringen sich ein – und werden beschenkt. Kirchen haben ihren Fokus geändert. Der Blick ist nicht mehr auf Mitgliederzahlen, -gewinnung oder -bindung fixiert. Das Verhältnis zur Kirche als „Bindung" zu beschreiben, ruft ja nicht nur angenehme Gefühle hervor. Der Fokus ist jetzt auf die Solidarität gerichtet: Wo und wie können wir gemeinsam etwas anpacken? Welche Kräfte brauchen wir dafür? Wie kann es finanziert werden? Das ist stimmig für das Lebensgefühl vieler.

Von der Kirchenbindung zum solidarischen Miteinander: Wo und wie können wir gemeinsam etwas anpacken?

Das alles Entscheidende ist nicht mehr: Wer gehört dazu und wer nicht? Wer ist drinnen und wer draußen? Die Frage ist jetzt vielmehr: Worauf richten wir uns aus? Was gibt uns Kraft? Wofür setzen wir uns ein? Und das verbindet Menschen, die sich eher innerhalb verorten, und Menschen, die sich eher außerhalb verorten. Verbundenheit in der gemeinsamen Ausrichtung ist wichtig.

Kirchen setzen sich aufs Spiel

Manche fragen, teilweise mit Galgenhumor: Was gibt es eigentlich noch zu verlieren? Unser Ruf in vielen Medien ist ohnehin den Bach runter ... Not macht erfinderisch und lässt neu aufbrechen und suchen.

Manche verbinden ein Jesuswort mit der Kirchensituation: „Wer sein Leben behalten will, der wird's verlieren; und wer sein Leben verliert um meinetwillen und um des Evangeliums willen, der wird's behalten." (Markusevangelium 8,34) Viele haben es nicht gewollt. Sie haben sich eher irgendwann darin wiedergefunden: „Passiert das nicht gerade? Dass wir uns selbst verlieren?" Und auch wenn sie sich ein bisschen hineingeschubst fühlen, haben sich auf einmal Möglichkeiten aufgetan. Möglichkeiten, Kirche neu zu erfinden, die Transformationen wirklich voranzubringen und nicht zuletzt von Gott beschenkt zu werden, fruchtbaren Boden neu zu entdecken. Wo alte Strukturen wegbrechen, kann sich das Leben neue suchen, andere Formen, andere Strukturen, die jetzt besser passen. „Neuer Wein in neue Schläuche", das gilt auch hier (Jesus, Markusevangelium 2,22).

So wachsen andere Haltungen zu den Veränderungsprozessen, die stattfinden. Souveränität, Zuversicht und Resilienz werden stärker. Nicht nur auf das zu schauen, was zerbricht, sondern auch auf das, was kommen wird an Gutem – damit befinden wir uns in guter Tradition: Jesus hat den Himmel verlassen, hat auf Privilegien verzichtet, damit das Gute in die Welt kommt. Sein Auftreten hatte eine derartige Kraft, dass die Mächtigen unruhig wurden. Die damaligen Verhältnisse haben sein Wirken nicht gerade unterstützt, im Gegenteil. Aber sie konnten das nicht aus der Welt schaffen, was mit ihm gekommen war. „Ätsch, ich bin wieder da!“, könnte man etwas flapsig über den Ostersonntag schreiben. „Auf andere Weise. Aber quicklebendig.“ Und diese Kraft wirkt. Bis heute. Rund um den Erdball. Warum sollte sie nicht auch zukünftig Hoffnungsstimmen wachrufen?

Religionen werden dort attraktiv, wo ihre Vertreterinnen und Vertreter sich anstacheln lassen. Durch Austausch und Dialog. Wo sie die Chance ergreifen, den eigenen Kern zu neu entdecken.

„Wenn Gott sich nicht kleinkriegen lässt, warum soll ich dann verzagen?“, fragt jemand und atmet neu auf. Eine andere: „Wenn Gott das Fundament ist, wird er sich schon zeigen. Irgendwie wird seine Liebe zu uns hindurchdringen und uns in Gang setzen. Wer weiß, wie uns das noch überraschen wird.“ Einer gibt zu bedenken: „Wo Gott sein eigenes Gewicht hat, kann er uns als Kirche auch korrigieren, vielleicht durch die neuen Umstände. Warum sollte er uns als verantwortlich handelnde Menschen nicht mal umlenken? Vielleicht entsteht so neues Vertrauen. Darauf sind wir doch alle angewiesen.“

Das passiert nicht nur in den Kirchen, auch Religionen sind im Wandel begriffen. Für zu viele Menschen klingen sie zu sehr nach Vorschriften und Abläufen, die sich nicht ändern. Nach

Macht, Einfluss, Wertsetzung von oben. Dem fügen sich immer weniger. Sie wollen nicht beitragen zum Erhalt eines solchen Systems und schon gar nicht dafür missbraucht werden.

Religionen sind dort attraktiv, wo religiöse Erfahrungen geschätzt und gefördert werden. Wo Menschen gemeinsam nach dem fragen, was dem eigenen Leben und Miteinander dient. Wo die Ursprungsquellen wieder als Kraft für den Alltag entdeckt werden: Zuversicht, die ansteckt; Liebe, die mich findet ...

Religionen werden dort attraktiv, wo ihre Vertreterinnen und Vertreter sich anstacheln lassen. Durch Menschen und ihre spirituelle Suche. Durch Austausch und Dialog. Wo sie sich beleben lassen. Und die Chance ergreifen, den eigenen Kern neu zu entdecken. So paradox es ist: Wo Religionen das wiederentdecken und ihre Angst vor dem Machtverlust aufgeben, gewinnen sie an Ausstrahlung. Wo sie ihre Richtigkeiten aufs Spiel setzen, gewinnen sie an Wahrhaftigkeit.

Dass sich auch Menschen mit viel Leitungsverantwortung für Auszeiten entscheiden, ist noch kein Boom, wird aber immer mehr respektiert. Eine Woche mal ganz raus, um zu hören: auf das eigene Herz, auf die leisen Stimmen in mir, auf die Natur und auf Gott. Die Angebote sind vielfältig. M. hat sich schon länger angemeldet. Und lässt sich durch das, was in letzter Minute dazwischenkommen wollte, nicht abbringen. Im Rückblick erzählt er:

„Die Auszeit tat sehr gut. Endlich mal nur Zeit für mich ... Und gleichzeitig war es ungewohnt und anstrengend. Je stiller es wurde um mich, umso lauter wurde es in mir: Nicht nur der Terminkalender brachte in Erinnerung, was alles zu tun ist. Bedrängender waren die ungelösten Posten ... Aber ich hatte eine gute Begleitung, die mich unterstützt hat. Und nach wenigen Tagen

wurde ich ruhiger. Es entstand Platz für Themen, die ich nicht angesteuert hatte, erstaunlich. Ein Wort aus dem Hesekielbuch ging mit mir: „Ich will das Verlorene wieder suchen ..." (Kapitel 34,16) In den ersten Tagen fiel mir alles Mögliche dazu ein: Herausforderungen in der Gesellschaft und unserer Kirche. Halbe Predigten haben sich wie von selber geformt ... Und dann, ich weiß gar nicht genau wie, hat mich das Wort tiefer berührt: „Gott sucht das Verlorene in mir." ... Puh. Das habe ich gar nicht erwartet. In mir! Was gibt es da schon, dachte ich erst. Ich wollte mir nicht verloren vorkommen. Aber das Wort ließ mich nicht mehr los. Oder soll ich sagen: Da war was Göttliches drin. Irgendwie war die Zeit reif. Und auf einmal konnte ich sehen, was in mir verloren gegangen war: die Lust meiner ersten Dienstjahre, die Aufbruchsenergie, Vertrauen. Ich hab's gesehen. Und noch mehr habe ich gespürt, was nicht mehr da war. Als ob es da ein Vakuum gäbe, das ich sonst gar nicht wahrnehme. Und es war gar nicht mal klein und schmerzhaft, das zu erkennen ... Es dauerte, bis ich damit im Reinen war, es zulassen konnte. Und dann war es lösend, wohltuend für den Moment: Wie gut das tut, dass sein darf, was ist. Das Verlorene in mir anschauen zu lassen von Gott. Mir war klar, da ist etwas weich geworden, was sonst in der harten Schale verschlossen war. Ich hatte den Satz mit der harten Schale und dem weichen Kern oft schon gesagt. Jetzt habe ich es gespürt: Weich und hart, das ist beides in mir. ... Wie es sich verbinden könnte, das bewegt mich seitdem. Und auf einmal stand mir vor Augen, wie jemand mal zu mir sagte: „Wissen Sie eigentlich, wie hart Sie wirken?" ... Ich bin damals sehr erschrocken. Und kann es jetzt ein bisschen besser verstehen. ... Ich bin gespannt, wie ich in Zukunft Entscheidungen treffe. Und wie es mir damit geht."

Die Hoffnungsbilder dieses Buches entspringen auch der Sehnsucht, die sich im Leiden am Jetzt-Zustand der Kirchen verbirgt. Mit vielen Menschen sind wir im Gespräch. Einiges kennen wir aus eigener Erfahrung, und es ist manchmal einfach schmerzhaft, wenn engagierte Menschen mit einem großen Herzen von ihrer Not erzählen.

Leiden am Jetzt-Zustand der Kirchen

Auch ihnen wollen wir hier eine Stimme geben. Wir achten ihre Hingabe und ihr Ringen, eine Haltung zu finden, um mit der Situation konstruktiv umzugehen. Neben allen Hoffnungstönen soll auch diese Auswahl an Klagetönen einen Platz haben. Alle O-Töne stammen von Engagierten, die sich mit Hingabe in ihrem Bereich einsetzen und denen kirchliche Arbeit am Herzen liegt.

„Die Strukturen, die bestehen, sind so dermaßen etabliert ... Ich wollte ehrenamtlich in meiner Gemeinde in der Elternzeit ein Eltern-Kind-Café weitermachen. Aber ich habe es dann sein gelassen, weil es so viele Widerstände gab. Nicht grundsätzlich, alle fanden es toll, dass es das Angebot gibt. Aber ich hatte dann einfach keine Lust mehr, um Räume, Parkplätze und Wertschätzungskultur zu kämpfen, dass ich es sein gelassen habe. Ich hatte das Gefühl, alle dekorieren sich gerne damit, dass es da was Neues gibt. Aber dafür Dinge zu verändern, die nicht in die eigenen Vorstellungen passten, war wohl einfach zu viel verlangt."

„Wenn ich mich darauf beschränke, was in der Regelarbeitszeit zu schaffen ist, kommt alles zu kurz, was mir wichtig ist", sagt eine Personalverantwortliche. „Guter Umgang mit den Men-

schen, für die ich zuständig bin. Die Stärkung der Spiritualität, einfach eine gute Kultur im Miteinander. Das ist aber mein Anspruch an meine Arbeit."

„Einen terminfreien Tag, an dem ich wichtige Entscheidungen gründlich bedenken kann, an dem ich offen für Neues bin und lese oder vertiefe, bekomme ich gar nicht unter. Ich mache immer mehr Gleiches vom Gleichen. Ich sehe das Problem und kann es nicht ändern."

„Ich nehme eine kollektive Depression wahr. Die Leute sind müde oder aggressiv."

Ein Handwerker sagt: „Wenn Ihr weiter auf teuren Lösungen für Kirchen und Gemeindehäuser besteht, statt mit uns vor Ort nach günstigen Lösungen zu suchen, die die Auflagen genauso gut erfüllen, mache ich nicht mehr mit. Und ich will auch nicht mehr hören, dass ich für etwas spenden soll, das auch halb so teuer realisiert werden kann."

Eine Unternehmerin stellt fest: „Unternehmen haben ein hohes Risiko, viel Verantwortung, Entscheidungsdruck, wenig Sicherheit (bevor es staatliche Leistungen gibt, muss zum Beispiel in der Landwirtschaft erst jede Immobilie und jedes Grundstück verkauft werden). In der Kirche erlebe ich das Gegenteil: wenig Risiko, wenig Verantwortung und große Sicherheit. Kein Wunder, dass wir uns in der Kirche selten verstanden fühlen."

„Ich kann da nicht arbeiten", sagt jemand, der jetzt seine Ideen vereinsmäßig verwirklicht. „Ich will vorankommen. Die anderen, die sich engagieren, auch. Und das, was wir für Menschen

machen, wird dringend gebraucht. ... Wir haben nicht so viel Zeit, wie die Mühlen der Institution brauchen. Ich bin nicht gerne gegangen und fühle mich sehr verbunden mit Christinnen und Christen. Aber von der Kirche musste ich mich leider offiziell verabschieden."

„Es ist sehr viel Druck im System. Wir reden nur noch über Haushaltslücken und Sparvorschläge. Und ich werde nicht müde einzufordern, dass wir an unserer Haltung und unserem Miteinander arbeiten müssen, wenn wir so gewichtige Entscheidungen treffen sollen. Und ich weiß nicht, ob ich Hoffnung haben soll."

„Kirche hält sich Innovatiönchen, um sagen zu können: Schaut, wir haben was Neues. Und um sich im Kern nicht verändern zu müssen", sagt ein Uni-Kollege. „Innovationen werden gefördert, solange sie dem Gesamtsystem nicht wehtun."

„Wir brauchen Leute, die geräuschlos kürzen können", sagt jemand zu einer potenziellen Bewerberin für eine Leitungsaufgabe. „Ich halte Sie für sehr fähig. Aber Sie haben Ideen. Das passt dafür nicht."

Einer, der hochidentifiziert ist mit der Kirche und lange in der Leitung auf der mittleren Ebene gearbeitet hat, sagt Richtung Gesamtkirchenleitung: „Ihr wollt Ideen. Wir entwickeln welche. Und dann geht es immer und immer wieder nicht, weil irgendeine Vorschrift im Weg steht. Ich mag nicht mehr."

Ein engagierter Presbyter seufzt: „Ich halte es schwer aus, wenn dort, wo der Glaube lebendig ist, genauso gekürzt wird wie dort, wo das gerade nicht der Fall ist. In B. gibt es viel Engagement, wir haben gut besuchte Gottesdienste, viele singen und musizieren in den Chören, auch die Jugend ist sehr aktiv. Das Gemeindehaus wird die ganze Woche über genutzt. Manche Gruppen müssen schon ins Vereinsheim ausweichen. Warum sollen diese Gemeinden nur genauso viel „umbaute Kubikmeter" Gebäude pro Gemeindeglied haben wie die Gemeinden, deren Gemeindehäuser fast nicht genutzt werden?"

Mehr und mehr Menschen – an der Basis, auf der mittleren Ebene, in den Leitungszentralen – haben den Eindruck, dass es nicht um ihre Lebendigkeit geht. Nicht um ihre Ideen und Kreativität: „Der Kirche geht es doch nur um ihren eigenen Erhalt." Das wird verstärkt durch die allgegenwärtig wirkenden Strukturdebatten in der Öffentlichkeit und in den vielen verschiedenen Gremien (Kirchenvorstände und Presbyterien, Synoden auf Dekanats- bzw. Kirchenkreisebene, Landessynoden).

„Wie stabil ist die Kirche?" war der Titel der ersten Kirchenmitgliedschaftsuntersuchung 1972. Darin steckte damals schon Sorge und Beruhigung: Es wird schon noch einige Jahrzehnte gehen. Ausreichende Kirchensteuereinnahmen haben diese „Es-wird-schon-noch-gehen-Haltung" genährt. Jetzt macht sich das Gefühl breit: Das Fundament bröselt. Kirchenaustritte und einbrechende Finanzen sind nicht mehr kleinzureden.

An einer kirchlichen Klagemauer lesen wir:

Wir klagen Dir, Gott,

- *die Macht der Gewohnheit und die gewohnte Macht;*
- *die Scheu, die gewohnte Welt des Mangels zu verlassen (Heldenreise);*
- *die Hilflosigkeit und Ohnmacht ... auch in uns;*
- *die Angst vor Kontrollverlust in Hierarchien, Verwaltungen und Gremien;*
- *den Zynismus als kalte und verletzende Abwehrwaffe;*
- *das Gefühl, schon alles zu haben und nur noch in die Welt bringen zu müssen;*
- *die Abwertung konstruktiver Ideen;*
- *die Angst vor Ärger und Aggression, die im Hintergrund oft so stark sind;*
- *die Scheu, auf einer tieferen Ebene berührt zu werden;*
- *den Wunsch, beim Glänzen mitbieten zu wollen.*

Immer mehr Menschen spüren, wie das Aggressionsniveau steigt. Nicht nur in der Gesellschaft. Auch in den Kirchen. Kein Wunder: Wo Belastungen steigen, Ressourcen sinken und Arbeitsmengen nicht an die neuen Bedingungen angepasst werden, geht irgendwann die Entspannung verloren. Die Ruhe, in der die Kraft steckt. Die Konzentration, mit der etwas erledigt wird. Die Fehlerquote steigt und damit die Häufigkeit von Rückfragen, Beschwerden, notwendigen Klärungen. Vorgänge müssen wieder und wieder in die Hand genommen werden. Manchmal braucht es Monate oder länger, bis etwas wirklich abgelegt werden kann. Kein Wunder, dass Menschen schneller ärgerlich werden. Und dass manche einfach handeln. Immer häufiger ist der Satz zu hören, auch von sehr pflichtbewussten und loyalen Menschen: „Wenn ich mich an jede Verordnung halten würde, könnte ich gar nichts mehr machen."

Menschen fangen an, es anders zu machen und sich zu verbünden mit denen, die es auch anders machen und die entschlossen sind: „‚Die Kirche ist um der Menschen willen gemacht', das darf nicht nur ein Satz sein. Das muss unsere Entscheidungen durchdringen. Es geht um die Menschen, denen wir dienen und die mit uns arbeiten. Das muss in den Fokus gerückt werden." Jemand sagt scherzhaft: „Wir bräuchten so etwas wie einen Warnton, der immer erklingt, wenn wir uns wieder um uns selbst drehen und dabei die Menschen aus dem Blick verlieren, um die es geht."

Menschen fangen an, es anders zu machen und sich zu verbünden mit denen, die es auch anders machen.

Natürlich sind die Übergänge fließend. Aber die Aufmerksamkeit für den Unterschied zwischen „Kirche um der Kirche willen" und „Kirche um der Menschen willen" wächst.

Impulse zur eigenen Vertiefung

Diese Impulse sind wieder für Ihre Vertiefung und die persönliche Besinnung gedacht und vielleicht auch für ein Gespräch in einem geschützten Raum.

- Was macht mir Mut? Was gibt mir Hoffnung?
- Und was ist meine Klage, mein Schmerz?

Wer mag, kann ein Gebet daraus machen und es zu Gott, zu Christus hin aussprechen.

Für Ihre Notizen:

3. Spiritualität hat integrative Kraft

Wenn wir das, was wir schon jetzt erleben, in die Zukunft verlängern, werden wir bald sagen: Im Christentum hat sich – durch leises Zerbröseln und schmerzhafte Abbrüche hindurch – eine Transformation vollzogen. Was das Christentum einmal in die Welt gebracht hatte, konnte durch diese Prozesse neue Kraft entfalten: Vor 2.000 Jahren haben Menschen mit Jesus ihre Erfahrungen gemacht. Sie haben Vertrauen entwickelt, wurden erschüttert, haben gezweifelt, sind Jesus auf neue Weise begegnet. Paulus wurde aus seinem Leben gestürzt, hat die Sicht verloren, wurde neu aufgerichtet. Erfahrungen mit Gottes Wirksamkeit standen am Anfang.

Warum sind wir eigentlich da? Und wozu?

Kleine und große Gotteserfahrungen haben die Kirche durch die Jahrhunderte geprägt – neben allem anderen, was es auch gab. In der Zeit, als es immer mehr um Strukturen und Sparen und Haushalt ging, wurde das manchmal fast vergessen, jedenfalls in der öffentlichen Diskussion. Als die Brüche zu schmerzlich und die Herausforderungen zu groß wurden, trat die Besinnung ein: Warum sind wir eigentlich da? Und wozu? Was ist uns gegeben? Und woraus leben wir?

Spirituelle Erfahrungen

Über spirituelle und religiöse Erfahrungen wird wieder geredet. Auf digitalen Kanälen und in Blogs, in Büchern und Strategiepapieren, Synoden und Seminaren. Was es da alles zu entdecken gibt, innerhalb und außerhalb der Kirchen! Und oft sind die Grenzen gar nicht so schnell zu erkennen und nicht mehr so wichtig. Wo Erfahrungen erzählt und geteilt werden, fühlen sich Menschen verbunden. Sortieren und unterscheiden ist auch irgendwann wichtig. Aber erst einmal ist zuhören, hinschauen, entdecken gefragt. Die folgenden O-Töne spiegeln nur ein kleines bisschen aus dem großen Spektrum spiritueller und religiöser Erfahrungen wider. Wir verstehen sie auch als Einladung, eigene Erfahrungen zu teilen. (Die Namen sind hier wie an anderen Stellen im Buch natürlich geändert.)

„Religiöse Erfahrungen mache ich dauernd. Nicht nur in der Kirche, in Gottesdiensten oder so. Wenn ich berührt werde. Irgendwo innen. Und mich verbunden fühle mit etwas Größerem." (Ulrike, 63, Supervisorin)

„Ich fühle mich in christlichen Gebeten wie dem Vaterunser willkommen. Aufgehoben. Auch mit dem, was nicht gut ist an mir. Und die Kürze tut gut. Da kann sich so viel verbinden. Ganz anders ist es bei Sutren, die ich manchmal lerne. Da muss ich immer so viel Übersetzungsarbeit in mein Leben leisten." (Yvonne, 38, Physiotherapeutin, konfessionslos)

„Das ist für mich etwas, das mich tief innen berührt und das doch von außen kommt. Etwas, das ich nicht machen kann, sondern das mir geschenkt wird. (Marie, 30, Pfarrerin)

„Im Gottesdienst, in den Liedern und Gebeten, besonders im Vaterunser fühle ich mich getragen ... Es ist nicht spektakulär, sondern mehr wie ein Andocken an das, woraus ich lebe. Auch wenn ich es an der Oberfläche gerade nicht spüre." (Christian, 44, Schreiner)

„Für mich ist es etwas, das durch mich hindurchfließt. Von dem ich nicht weiß, wo es herkommt." (Johannes, 25, IT-Fachmann)

„In einem Chorprojekt mitmachen, auf dem Berggipfel mit der Gruppe ein Loblied anstimmen, singen in der Straßenbahn beim Kirchentag. Da fühle ich mich besonders verbunden. Das sind für mich religiöse Erfahrungen." (Kai, 52, Abteilungsleiter)

„Eine religiöse oder spirituelle Erfahrung kann ich physikalisch oder materialistisch oder in den üblichen Denkweisen nicht erklären. Die geht darüber hinaus. Wenn zum Beispiel Globuli wirken und ab Potenz D 23 keine Substanz mehr nachgewiesen werden kann, aber die Energie der Substanz wirkt. Ich habe viele Erfahrungen damit. Kopfschmerzen, auch eine Blasenentzündung – nach heftiger Erstverschlimmerung – wurden geheilt. Oder im Tanztheater in B. Wir sollten den Arm nach oben strecken und uns mit der Energie verbinden. Da konnte sich jemand dranhängen. Und es ging. Obwohl ich sonst eher schwach bin im Oberkörper." (Christine, 58, Unternehmerin, aus der Kirche ausgetreten)

„Spirituelle Erfahrung? Es ist für mich eine Art und Weise, wie ich da bin. Wie ich in der Welt bin. Wie ich die Welt als etwas Ganzes erlebe, in dem sich Gott ausdrückt. Ich fühle mich dann tief verbunden und geborgen und geliebt. Und ich habe in dem

Sinne keine Gotteszweifel. Gar keine. Besondere Momente der Berührung sind, wenn ich bestimmte Musik höre. Manche Stücke kann ich nicht hören, ohne innerlich gerührt zu sein.“ (Ludwig, 66, Arzt)

„Manchmal sage ich: Danke, Gott. Damit meine ich Gott Vater. Und manchmal bin ich einfach eins mit mir und meiner Umgebung. Zum Beispiel auf der Skipiste. Oder aufgehoben in der Schönheit. In der Mezquita-Kathedrale in Cordoba unter den Bögen zum Beispiel. Da ist immer noch etwas, was über mich hinausgeht.“ (Lisa, 49, Touristikfachfrau)

„Für mich ist spirituelle Erfahrung etwas, wenn ich in einen Raum gehe und spüre: Da ist diese oder jene Energie. Und ich kann mich in Verhandlungen darauf einstellen. Im Laufe der Jahre ist Vertrauen gewachsen in diese Art Intuition. Und dann klappt es auch mal nicht und das Vertrauen ist wieder ein bisschen infrage gestellt. Ich habe auch erlebt: Meine ganze Familie war im Auto. Ich bin die Serpentinen hochgefahren. Und bin dann einfach nicht um die nächste Kurve gefahren. Bin zu Fuß weiter und habe geschaut. Wir wären reingestürzt. Da war die Straße abgerutscht ... Heute habe ich das nicht mehr so. Ist oft vom Stress überlagert. Das bräuchte mehr Aufmerksamkeit.“ (Herbert, 62, Unternehmer, aus der Kirche ausgetreten)

„Ich gehe in die Kirche in C. und spüre: Hier wird seit Jahrhunderten gebetet. Das tut mir gut, auch wenn ich keine Worte habe.“ (Anne, 39, Pflegerin)

„Bei mir begann der Prozess, Gott in allem zu suchen, als ich nach F. gezogen war und eine neue Stelle anfing. Da traf ich mit meinem

Hund viele Menschen, die Gotteserfahrungen nicht so nannten und nicht in der Kirche suchten.“ (Therese, 47, Diakonin)

„Spüren, dass viele mit mir unterwegs sind, beim Katholikentag und bei großen Konferenzen. Das brauche ich irgendwie.“ (Eva, 48, Erzieherin)

„Mir sind die Gespräche im Hauskreis wichtig. Wenn wir über einen Bibeltext sprechen oder über das, was gerade obenauf liegt, da nehme ich oft etwas für meinen Glauben mit.“ (Mark, 53, Betriebswirt)

„Gestern hatte ich eine schöne Gotteserfahrung: Nachdem ich für unseren Gemeindebrief an einer Andacht zur Speisung der 5.000 gearbeitet hatte, ging ich in die offene Dorfkirche zum Abendgebet. Die Kirchenverantwortliche begrüßte mich damit, dass ja keiner mehr käme. Nachdem ich mir das angehört hatte, sagte ich, ich hätte heute von den Jüngern gelesen: Was sie an Essen hatten, war für 5.000 lächerlich wenig, nie und nimmer ausreichend. Peinlich gar und aussichtslos. Darauf sie: „Und dann ist doch so viel übriggeblieben!“ In dem Moment kamen zwei Leute zur Kirchentür rein. Am Ende waren es neun in dem winzigen Dörfchen, wo manchmal gar niemand zum Gottesdienst kommt. Das war Gänsehaut.“ (Lars, 43, Gemeindepädagoge)

„Die Trompete bei meinen Lieblingschorälen oder die Bässe, die durch und durch gehen – das sind für mich körperlich-spirituelle Erfahrungen.“ (Reinhard, 58, Steuerberater)

Kleine Ernte

Wann entsteht die Vermutung, dass eine Erfahrung religiös oder spirituell ist?

Wenn Menschen ...

- Stärkung, Kraftfluss, Unterstützung, Trostkraft, Ermutigung etc. erfahren;
- sich verbunden fühlen mit sich, mit anderen, mit dem Ganzen, mit Gott;
- sich eingebettet erleben in ein gutes Miteinander;
- im Flow, im Fluss sind, Durchlässigkeit erleben;
- sich besonders beschenkt fühlen, Dankbarkeit in sich wahrnehmen;
- sich verbunden fühlen mit der eigenen Berufung, Stimmigkeit erleben;
- erleben, wie eigenes Suchen und Gefunden-Werden zusammenkommen;
- durch Schwierigkeiten hindurch ihre Quellen (neu) entdecken.

Die Begriffe spirituell und religiös verstehen wir von ihrer Grundbedeutung her. Wir schauen auf das, worauf sie fokussieren. *Spirituell* kommt vom lateinischen spiritus und meint „geistlich“ im Sinne von: ausgerichtet auf den Geist, der die Welt durchweht, auf göttlichen Geist, der auch uns Menschen durchdringt und der uns findet, für den wir unsere Sinne öffnen und schärfen können. *Religiös* beschreibt auch die Ausrichtung, allerdings mit einem etwas anderen Akzent: religio (lat.) meint Rückbindung im Sinne von: Da habe ich meine Wurzeln, darin verankere ich mich ...

Manche gebrauchen das Wort nicht gerne, weil es zu sehr an die religiösen Institutionen erinnert und für sie wie eine Vorschrift klingt wie: „Das und das musst du glauben“ oder „so und so musst du leben". Andere haben kein Problem mit dem Wort religiös: Sie verstehen es als Verbindung von „gut verwurzelt sein" und deshalb „in einer großen Freiheit handeln können".

Was Menschen spirituell bzw. religiös erleben, findet nicht nur im Kopf statt. Erleben ist ganzkörperlich. Und in der Verarbeitung des Erlebens arbeiten Kopf und Körper zusammen und schaffen den Pool unserer Erfahrungen. Man könnte sagen: Erfahrungen sind reflektiertes Erleben.

Körperweisheit und -intelligenz

Dass wir als Menschen nicht einfach aus streng rationalen Ursache-Folge-Ketten bestehen, wurde in den vergangenen Jahren in den Neurowissenschaften, der neuen Phänomenologie und der Sozialpsychologie mehr und mehr erforscht. Empfindungen und Gedanken sind eng verwoben. In jedem Team kann man es beobachten, auch in Gremien. Wenn Menschen sich mit Lust und Leidenschaft einsetzen, geht es viel leichter voran, als wenn Schwere, Ermüdung und Widerstände im Raum sind. Dieselben Argumente haben – je nachdem, wie Menschen gestimmt sind – sehr unterschiedliche Kräfte. Die Tagesform derer, die die Argumente einbringen, spielt eine Rolle, genauso die Atmosphäre im Raum, die vorherigen Tagesordnungspunkte und die „Gestimmtheit" derer, die sich überzeugen lassen oder auch nicht.

Argumente spielen immer mit dem zusammen, was uns sonst so bewegt oder lähmt. Mit wachsender Aufmerksamkeit für solche Zusammenhänge werden Menschen wieder mehr als sensitive, fühlende Wesen wahrgenommen. Auch das Bewusstsein für das, was wir *verkörpern*, wächst gesamtgesellschaftlich. Und für die Bedeutung der Körperweisheit und Körperintelligenz. Diese kulturelle Veränderung ist nicht zu unterschätzen. Nach vielen Jahrhunderten der Leibfeindlichkeit wird das Körperwissen neu entdeckt. Angst, Schmerz, Hunger, Durst, Atem, Behagen, Glück, Freude, Betroffensein ... sind alles körperliche Erfahrungen. Sie werden einerseits geprägt durch die Bilder, die wir davon im Kopf haben, haben andererseits aber auch ihre Unmittelbarkeit und überraschen uns manchmal mit Facetten, die uns noch nicht bewusst waren.

Hermann Schmitz (1928–2021), Begründer der neuen Phänomenologie, fragt: Was sieht jemand, wenn er ein Auto erkennt, das ihm auf seiner Fahrbahn entgegenkommt? Er sieht wahrscheinlich nicht die Farbe oder Marke des Autos, auch wenn er sich sonst dafür interessiert. Er sieht nicht die Details, er hat auch keinen Blick mehr für das, was links und rechts los ist. Er sieht die Gefahr. In einem solchen Moment reagiert er ganz automatisch, intuitiv, in Sekundenschnelle. In vielen Situationen haben wir nur dann eine Chance, wenn unsere Reaktion unmittelbar geschieht – und nicht zu viel über den Kopf läuft (vgl. Schmitz, Der Leib, der Raum und die Gefühle, 30f. – In der geisteswissenschaftlichen Diskussion werden Körper und Leib in der Regel unterschieden: „Körper" ist das, was naturwissenschaftlich untersucht werden kann, „Leib" das, was ich selbst an und in mir erfahre. Wir verwenden das umgangssprachlich gängige Wort „Körper" und beziehen ein, was in der Fachdiskussion „Leib" genannt wird).

Zahllose Beispiele aus der *Hirnforschung* zeigen, wie körperlich wir agieren und dass nur ein Teil unserer Wahrnehmung bewusst verarbeitet wird. Besonders deutlich wird das am Phänomen des „Blindsehens": Menschen, die zum Beispiel im linken Gesichtsfeld nichts erkennen können, deuten zielsicher mit ihrer Hand auf einen Punkt links von sich an der Wand, den sie mit dem rechten Auge nicht sehen können. Die Verarbeitung des Reizes geschieht also an der bewussten Wahrnehmung vorbei und steuert zugleich das Hinzeigen (vgl. Lexikon der Neurowissenschaft unter: spektrum.de). Wie Gehirn, Leib und Person miteinander verbunden sind, beschreibt u. a. der Heidelberger Psychiater und Philosoph Thomas Fuchs (geb. 1958) und wendet sich strikt dagegen, Menschen auf neurobiologisch zu erforschende Prozesse zu reduzieren. Sein programmatischer Buchtitel ist: „Das Gehirn – ein Beziehungsorgan".

Bernhard Waldenfels, ein anderer zeitgenössischer Philosoph (geb. 1934) stößt in das gleiche Horn: Wir können doch nicht so tun, als ob wir die Dinge alle nur rational distanziert wahrnehmen können. Das geht vielleicht manchmal, aber diese Art des Aufklärungsideals, dass wir Dinge rational-distanziert wahrnehmen, daraus unser Urteil bilden und dann in der Folge vernünftig handeln, wird ja dauernd infrage gestellt durch die Art, wie Menschen reagieren, wie sie „ticken". Deshalb spricht Waldenfels von pathisch-responsiver Erfahrung (Waldenfels, Gespür für die Dinge). So kennen wir es auch von uns selbst: Wenn wir etwas erleben, sind wir in irgendeiner Weise betroffen. Wir freuen uns, wir leiden, wir sind müde ... Und das fließt in unsere Reaktion ein. Manchmal unbewusst. Manchmal bewusst. Es schließt die vernünftigen Abwägungen, die Argumente, das Für und Wider nicht aus, aber es spielt mit. Manchmal umspült es die Argumente auch und färbt sie beträchtlich ein.

Menschen lernen mehr und mehr, dass man auf ganz unterschiedliche Weise vernünftig sein kann.

Es wird immer offensichtlicher: Vernünftig ist nicht nur, was man zählen und messen kann. Vernünftig ist es auch, ein Gespür für Gefahren und Chancen zu haben, wachsame Sinne, auch wenn das über den engen Vernunftbegriff hinausgeht. Menschen lernen mehr und mehr, dass man auf ganz unterschiedliche Weise vernünftig sein kann. Dass es zum Beispiel klug sein kann, dem eigenen Bauchgefühl oder Herzen zu folgen. Und dass man es manchmal im Voraus nicht wissen kann und erst hinterher wirklich schlau ist. Menschen lernen, dass es vernünftiger ist, das Herz nicht nur als Pumpe zu verstehen, sondern selbst als sehr vernünftiges Organ mit eigener Logik und nicht selten mit einer Botschaft für uns. Kurz: Die Vernunft ist mehrdimensionaler geworden. Oder ganzheitlicher. Und es gibt zahlreiche Initiativen, die Tools und Modelle entwickeln, wie das in gemeinschaftliche und demokratische Entscheidungen sinnvoll einbezogen werden kann. Die Grundlagen für solche Tools und Modelle gehören zum großen Schatz der Menschheitsgeschichte. Auch die jüdisch-christliche Tradition ist voll solcher „Ganzheitlichkeit“: Wenn Menschen von Gott angesprochen werden, geht es ihnen durch und durch. Oder sie laufen erst weg und werden dann noch erreicht. Die Menschen begegnen Jesus „ganzkörperlich“, mit ihrer Sehnsucht, der Not in ihrem Herzen, ihrem Hilfeschrei. Und Jesus lässt sich berühren. „Es ging ihm durch Herz und Nieren“, ist die wörtliche Übersetzung für das, was bei Luther „es jammerte ihn“ heißt. Aus dieser Jesus-Kraft heraus werden Menschen berührt, gestärkt, aufgerichtet.

… in Bildung und Transformationsprozessen

Die Bildungslandschaft ringt mit solchen Synchronisierungen von Kopf und Körper, Herz und Händen. Manche machen, wie auch in anderen Bereichen, eine Rolle rückwärts und wollen Sport, Musik und Werken an Grundschulen zusammenlegen und reduzieren, um Stunden für Mathe und Deutsch zu gewinnen. Diese beiden Fächer zu stärken, ist sicher ein wichtiges Ziel. Aber es kann nur erreicht werden, wenn Kinder im ganzheitlichen Sinne gut versorgt sind: mit Lust, mit Ideen, mit Sauerstoff fürs Hirn ... Mehr und mehr Menschen klagen das ein – nicht nur für Grundschulen, sondern auch für andere Schulen und Bildungsformen: Elterninitiativen, Lehrer/-innen, Wissenschaftler/-innen, Netzwerke von Professorinnen und Professoren ganz unterschiedlicher Fächer und Fakultäten.

Manche sprechen gar von einer „neuen Aufklärung", bei der es keine Engführung mehr auf Wissensbestände und Stoffvermittlung gibt, nichts, was den Kopf überlastet und den Körper träge macht. Der Körper wird als Wissensquelle wiederentdeckt und entwickelt: als Resonanzraum für Intuition und Gespür, als Ort, wo Bewusstes und Unbewusstes zusammenwirken, mit eigener Weisheit und einem Wissen, das dann ins Bewusstsein kommt, wenn wir die Aufmerksamkeit dafür schärfen. Die Erkenntnis setzt sich durch, dass damit die alten Ideale nicht einfach weggewischt sind. Körperwissen agiert nicht gegen den Kopf, sondern schärft das Denken. Jemand sagt nach einem so angelegten Seminar: „Ich bin hergekommen, weil ich schärfer denken wollte. Jetzt merke ich, dass der Kopf schärfer denken kann, wenn das Herz und der Körper mitdenken."

Wer die Mehrdimensionalität des Lebens einbezieht, ist klar im Vorteil. Synchronisieren ist das neue Schlagwort für Bildungsprozesse. Es geht nicht darum, entweder-oder zu denken oder die Dimensionen gar gegeneinander auszuspielen, sondern sie miteinander zu verbinden: Kopf und Körper, Herz und Verstand, Denkschärfe und Gespür, Fakten und Intuition. Nach und nach wird entdeckt, welche neuen Ideen und Entfaltungsmöglichkeiten dadurch freigesetzt werden.

Solche Erfahrungen im Zusammenspiel von Kopf und Körper werden mehr und mehr ausdrücklich in Transformationsprozesse einbezogen. Zu massiv waren die Erfahrungen damit, dass Menschen einfach aussitzen, was andere beschlossen haben. Es wurde klar, dass wir andere Formen brauchen, Widerstände einzubeziehen. Neue Einsichten werden zum Schlüssel dafür, wie gut und nachhaltig Transformationsprozesse gelingen: Nur wenn Menschen als Ganze mit all dem, was sie ausmacht, mit ihrem guten Willen, aber auch mit ihrer Emotionalität und inneren Energie darin einen Platz haben, werden sie mitmachen, die Transformation unterstützen und zum Erfolg führen. Und nicht nur das. Wenn auch die spirituellen Erfahrungen ausdrücklich einbezogen werden, entstehen zusätzliche Kraft und Potenzialität für neue Möglichkeiten, die im Moment noch niemand im Blick haben kann.

„Ich bin hergekommen, weil ich schärfer denken wollte. Jetzt merke ich, dass der Kopf schärfer denken kann, wenn das Herz und der Körper mitdenken."

Die folgenden beiden Beispiele stehen für vielfältige Erfahrungen, die Menschen mit Körperwissen, Körperweisheit, Körperintelligenz machen. Martin erzählt als Ingenieur davon, wie sich sein Blick darauf geweitet und wie ihn neue Erfahrungen bereichert haben. Und der Bericht über ein Kommunikationswochenende zeigt, wie viel Vertiefung möglich ist, wenn „Verkörperungen" einbezogen werden. Nehmen Sie die Beispiele gerne als Anregung, selbst auf die Suche zu gehen, wenn Sie mögen.

Martin, 48, Ingenieur: „Wenn ich überlege, was ich in den letzten Jahren über den Körper entdeckt habe, wow! In meinem Studium hat das noch keine Rolle gespielt. Aber irgendwann bin ich neugierig geworden. Lange dachte ich, ich brauche das nicht. Ich kenne mich aus mit Zahlen, Konstruktionen, Berechnungen. Das ist mein Beruf. Das ist auch mein Typ. Ich dachte wirklich noch, der Körper ist dazu da, dass er den Kopf an den Schreibtisch trägt. Oder in die Betriebshalle. Und natürlich für den Sport. Und den Sex. Beides hatte ich ziemlich vernachlässigt. Ich bin ehrgeizig, habe mich angestrengt und verspannt und daran gewöhnt. Dann haben mir Kollegen von diesem Training erzählt: Körperweisheit entdecken. Wissen erweitern. Körper und Kopf synchronisieren. Darum ging es. Ich konnte mir nicht richtig vorstellen, was das sein soll. Und was es mir bringen könnte. Aber andere schwärmten davon und ich hatte Vertrauen zu denen, die es erlebt hatten und Neugier: Mein Wissen erweitern, das hatte mich immer gelockt. Besser werden. Nach und nach habe ich gemerkt, dass das eher ein Nebeneffekt war. Im Kern ging es gar nicht um Effizienz. Im Kern ging es darum, das, was mein Leben alles ausmacht, aufzuspüren und in mein Handeln einzubeziehen. Privat und beruflich. Und ich hatte echt eine Menge von dem, was mich ausmacht, nicht auf dem Schirm, hatte es auch nicht sonderlich beachtet, zum Beispiel was so alles passiert in mir, wenn ich bei der Arbeit bin. Und wo ich es überall spüren kann in meinem Körper. Ich nehme jetzt viel bewusster wahr, wenn sich mein Magen in Begegnungen zusammenzieht, wenn ich auf einmal in einer Besprechung einen Kloß im Hals spüre, aber auch wenn uns alles gut von der Hand geht und wir mit den Kollegen richtig im Flow sind. Für mich ist das ein Benefit, wenn ich so etwas bewusst wahrnehme und ernst nehme. Ich finde dann auch Wege, wie ich es den Kollegen vermittele. Das ist befriedigend auch auf der Outcome-Seite. Ich habe ganz neue Welten entdeckt und merke immer, wenn ich davon erzähle, wie mich das gepackt hat.“

***Zwölf Frauen und Männer** haben ein Kommunikationstraining gebucht. Für die meisten ist es Teil ihres Führungstrainings und wird von der Arbeitsstelle gefördert. Einige sind aus persönlichem Interesse hier. Sie schätzen es, fernab vom Alltag Ruhe und Zeit zu haben, sich selbst besser kennenzulernen und zu verstehen und andere besser zu verstehen.*

Es ist eine bunte Gruppe: Unternehmerinnen, Sozialarbeiter, Führungskräfte aus Verwaltung und Finanzbranche, Betriebswirtschaftlerinnen, Musiktherapeuten, Psychologinnen und Pädagogen. Sie haben schon verschiedene Techniken erlernt, wie Gespräche gelingen und Konflikte gelöst werden können. Doch es fällt ihnen schwer, sie in der Situation selbst anzuwenden. Besonders wenn das Gegenüber nicht kooperationsbereit ist, stur bleibt, sich nicht gewinnen lassen will für einen konstruktiven Weg. Das Wochenende setzt dort an, wo man in der Kommunikation in eine Sackgasse geraten ist. Und die üblichen Ratgeber nicht weiterhelfen. Das Besondere ist der Fokus auf das Körpergespür.

Zugegeben, ist das nicht für alle die eigene Komfortzone, aber es hat sie gereizt, sich auf etwas Neues einzulassen. Vielleicht öffnet das die Chance für neue Entdeckungen. So wird es in der Anfangsrunde geäußert. Und es ist einfacher als gedacht. In einer geschützten Atmosphäre, wo niemand kritisch beäugt oder gar lächerlich gemacht wird, wird in kleinen Schritten spürbar, was ja schon da ist. Vertraulichkeit ist gewahrt, über das Persönliche und die Problemlagen muss jetzt nicht geredet werden, wenn die Körperweisheit einbezogen wird.

Welches Bedürfnis steckt in meinem Interesse für eine Sache und wie fühlt es sich in meinem Körper an? Es tut gut, einmal nicht darüber nachzudenken und Worte finden zu müssen, sondern auf den eigenen Körper zu „hören", was sich bewegen will und diesen Bewegungen einfach zu folgen. Nach einer Bewegung oder einem Körperausdruck helfen die anderen, noch Weiteres bewusst zu machen. Sie sagen, was sie gesehen und gespürt haben, als sie sich mitbewegt oder einfach geschaut haben, ohne zu wissen, um welche konkrete Situation es geht. Wenn sie kein Bild von der Situation im Kopf haben, sind sie freier, nur auf die Körperwahrnehmungen zu achten. Nur zu schauen, was sich zeigt, wie viel die Körpersinne erspüren können, bevor das Nachdenken einsetzt. „Erstaunlich, was alles schon da ist, wenn ich nur darauf achte. Ich wurde immer wieder total überrascht. Durch meine Körperbewegungen erst spüre ich präziser, worum es mir wirklich geht." „Da ist ganz viel Möglichkeit, so viel Neues, was schon da ist und sich entfalten will. Das will ich entdecken. Das ist ja auch zu Hause jederzeit möglich. Meinen Körper habe ich ja immer dabei. Da ist ja vieles schon in mir an Hinweisen." Entschlossenheit wächst in den Teilnehmenden, die Körperweisheit in ihr Handeln mehr einzubeziehen:

„Energetisch ist das eine ganz andere Nummer! Ich bin durch eine Übung mit einer Energie in Kontakt gekommen, da wäre ich durch Nachdenken alleine nie hingekommen. Und es ist ein solcher Unterschied. Ich habe es wirklich gespürt, auch die Ambivalenzen in mir. Gerade daraus hat sich eine Bewegung entwickelt. Da war eine klare Erkenntnis drin, ja, der Ansatz einer Lösung. Ich hätte nie gedacht, dass die Situation sich in diese Richtung verändern könnte. Aber es ist stimmig, das fühlt sich richtig gut an. Ich gehe mit einer handfesten Idee zurück und dem Mut dazu, sie zu verfolgen."

„Bisher wusste ich, dass ich einen Körper habe, jetzt weiß ich, dass ich ein Körper bin. Ich bin ja schon lange mit Yoga unterwegs, vielleicht hat das auch geholfen ... Auf jeden Fall ist mir jetzt noch einiges klarer."

„In meinem Team kann ich das nicht direkt einbringen, das ist zu fremd. Aber mich persönlich stärkt es in meiner Position. Ich bin in der Einschätzung der Situation ein Stück weit voraus, es ist ein echter Wissensvorteil, mit der Körperintuition zu arbeiten."

Sinne für das Unendliche

Früher hatten Christinnen und Christen oft eine Scheu, über die unsichtbare Dimension ihres Glaubens zu sprechen. Manche auch deshalb, weil sie nicht in die Zeiten zurück wollten, in denen dies zu vollmundig oder plakativ geschah. Besser vorsichtig und zurückhaltend als zu forsch und aufdringlich, dachten sie. Bestimmte Zeiten und Orte für die Ausrichtung auf Gott und die unsichtbare Welt zu reservieren, das war gut: zum Beispiel im Gottesdienst, am Lebensanfang bei der Taufe oder am Grab eines Verstorbenen. In den „normalen" Abläufen des Lebens aber wurde darüber kaum geredet. Man wusste oft gar nicht so richtig, wie viele Menschen die göttliche Gegenwart stillschweigend voraussetzen. Natürlich war auch das hilfreich, wenn implizit klar war, dass Gott mit „im Boot" ist. Aber es hat sich gezeigt: Was kaum erwähnt wird, gerät über die Jahre leicht in Vergessenheit. Dann kam noch der Rückgang der Besucherzahlen bei kirchlichen Veranstaltungen, wo das Wissen um Gott wachgehalten und mit dem Leben in Verbindung gebracht werden konnte. Je weniger Menschen davon hören, desto weniger kommen sie auf die Idee, dass Gott für ihr Leben relevant ist. Gleichzeitig ist zu beobachten, dass diejenigen, die sich auf die Suche nach immateriellen Kräften machen und die ihre Spiritualität in ihre Lebensthemen einbeziehen wollen, meist nicht mehr auf die Idee kommen, dass Christinnen und Christen ihnen dabei ein erfahrenes Gegenüber sein können. Die spirituelle und religiöse Gestaltung des Lebens hat sich gewissermaßen verselbstständigt und außerhalb der kirchlichen Räume selbstverständlich und selbstbewusst bunt weiterentwickelt.

Das wird den spirituell wachen Christenmenschen immer stärker bewusst und sie nehmen die Herausforderung an, sich wieder klarer in ihrer religiösen Praxis zu zeigen, dafür zu werben und von ihrer Quelle, von Gott, zu sprechen. Dadurch keimt an mehr Orten neues christlich geprägtes spirituelles Leben auf. Nicht alle Initiativen sind erfolgreich. Aber: Attraktiv ist in der Regel, wo Menschen über ihre Erfahrungen sprechen und Wege zum Ausprobieren angeboten werden.

Auch im gesellschaftlichen Bewusstsein werden die Quellen wichtiger, aus denen Menschen leben. Diese Entwicklung hat es erleichtert, Stille und Meditation als christliches Kernangebot in vielen Städten und Landkreisen zu etablieren. Auch in der Arbeitswelt ist es Standard geworden, nach Orten und Zeiten für die Pausenkultur zu fragen. Wer einen ansprechenden Ort für Meditation anbieten kann, sammelt Pluspunkte bei Stellenbewerbungen. Meditation hat das Image abgelegt, eine fremde esoterische oder fernöstliche Praxis in der Nische zu sein. Gerade weil auch Christinnen und Christen von ihrer Meditationspraxis sprechen und Zugänge schaffen, ist Vertrauen gewachsen. Weil die Menschen, die davon sprechen, vertrauenswürdig sind. Und weil das Christliche in diesem Sinne in der Gesellschaft immer noch als etwas Seriöses geachtet wird. Mit Tradition. Nicht etwas Abgedrehtes. Das hilft Menschen, Meditation für sich zu entdecken, die sich sonst nicht darauf eingelassen hätten. Sie erleben, wie „Gegenwärtigsein", einfach nur „Dasein vor Gott" in die Gottesbegegnung führt. Und sie haben angefangen, Erfahrungen mit dem zu machen, was der jüdisch-christliche Gottesname Jahwe „Ich bin da" ausdrückt

(Exodus 3,14). „Gott ist uns ja viel näher, als wir dachten", ist immer wieder zu hören.

Schweigen und Stille helfen auch, mit Diversität umzugehen. Dort können sich Menschen mit unterschiedlichen Vorstellungen von Religion gut zusammenfinden. Menschen richten sich auf ihre je eigene Weise aus auf das Geheimnis des Lebens, das alle Vorstellungen übersteigt. Und sind darin gleichzeitig verbunden. Auch deshalb ist es für den Arbeitskontext attraktiv, solche Räume anzubieten. Nicht alle, aber viele Christen und Christinnen können sich darauf gut einlassen. Sie wissen um das Geheimnis Gottes und erleben immer wieder, dass sich dieses Geheimnis ihnen und anderen (immer wieder neu) selbst vorstellt und das Herz erwärmt, neue Kraft schenkt, Freiheit wachsen lässt. Sie freuen sich, wenn Gott Menschen auf diese Weise guttut.

Mit der Natur spirituell verbunden

Die Sehnsucht ist groß, sich als ganzen Menschen zu spüren, im „Auslaufen" nach der Arbeit, im Schwitzen oder im Eiswasser und sich nicht nur in Rollen und Funktionen und Aufgaben wahrzunehmen. Nicht nur in dem, was andere erwarten. Das schon länger beliebte Pilgern wird in Kombination mit virtuellen Communitys weiterentwickelt. Viele Menschen fühlen sich der Natur so nahe, dass sie auch dort ihre Spiritualität entdecken und fördern möchten. Dazu gibt es inzwischen viele Hilfen zur Begleitung. Die Natur als Ort der Gotteserfahrung wird immer beliebter für Familiencamps, Visionssuchen für Einzelne und Gruppen, stille Zeiten im Hören oder Waldbaden. Auszeiten in der Natur werden verstärkt nachgefragt. Kursorische Angebote für vier Wochen oder drei Monate unterstützen Menschen in ihrer Schöpfungsspiritualität im Alltag und bilden manchmal neue Peergroups weit über die Projektzeit hinaus.

Auch das Verständnis der Erde wandelt sich. Manche nennen es „ökologische Spiritualität" und bringen darin unsere – gegebene – Verbundenheit mit der Natur und unser verantwortliches Handeln zusammen. Die Erde wird nicht mehr nur als Rohstofflager gesehen, so wichtig sie dafür auch ist, nicht nur im Blick auf seltene Erden für Millionen E-Auto-Akkus. Die Erde ist viel mehr: der Raum, aus dem Leben kommt, eine große Quelle kreativer Kraft und der Ort, an dem die Verbundenheit mit dem großen Ganzen spürbar wird. Die Verletzlichkeit der Erde hat sich ins kollektive Bewusstsein der Menschen eingegraben nach einer Geschichte, in der sie einseitig im Interesse der Nutzung und Ausbeutung gesehen wurde. Trauer und Erschrecken über die zerstörerischen Folgen menschlicher Vorherrschaft für alle Lebewesen, Tiere, Pflanzen und ihren Lebensraum, aber auch für die Menschen selbst werden von vielen geteilt. Darüber besteht weithin Konsens über die Grenzen kultureller, religiöser und politischer Einstellungen hinweg. So ist eine Entschiedenheit gewachsen, für globale Anstrengungen als Weltgemeinschaft einzutreten und regenerativ im Respekt vor allem Leben und der Erde zu handeln.

Manchmal wundert man sich, warum man das nicht schon früher so gesehen hat. Der Mensch wurde schließlich aus der Erde geschaffen und hat von ihr den Namen. Adamah ist die Erde. Adam ist der Mensch (nicht nur der Mann). Schöpfungshandeln Gottes fließt gleichsam durch die Erde hindurch. Jetzt realisiert man, dass das nie aufgehört hat. Göttliche Kräfte wirken in und durch die Erde. Sie bringt Leben hervor, gebiert Lebendiges, immer wieder neu.

Jürgen Moltmann spricht von der Erde als „schöpferischem Geschöpf".

Jürgen Moltmann (geb. 1926) spricht von der Erde als „schöpferischem Geschöpf" (Was ist ökologische Theologie, Jürgen Moltmann? Ein Interview). An diese Kräfte wollen immer mehr Menschen angeschlossen sein.

Zwei Beispiele dazu. Christina erzählt, wie ihr einmal die Erde zum Heilungsort wurde. Und Vito berichtet, wie ihn ein Online-Kurs mit der Natur als Lehrmeisterin für Spiritualität in Verbindung brachte.

Christina, 44, Psychologin: „Ein paar Tage nach meinem Autounfall komme ich nach K. Ich finde eine Lichtung im Wald und spüre, wie es mich auf den Boden zieht. Ich habe schon oft in einer Wiese gelegen und mich aufgehoben und im Einklang mit der Welt um mich herum gefühlt, aber jetzt ist es anders.
Die Erde empfängt mich regelrecht. Ich strecke mich aus in voller Länge, zum Glück ist es trotz des beginnenden Herbstes noch angenehm warm. Je länger ich liege, desto schwerer wird mein Körper. Es ist, als sänke ich immer tiefer in die Erde ein. Oder zieht sie mich in sich hinein wie in ein unendliches weiches Bett? Es ist kein Sog ins Nichts. Ich fühle mich gleichzeitig verankert und ultrafest gehalten. Das ist so ein wohltuendes Gefühl, dass ich mich ihm ganz hingeben kann. Besonders genieße ich es, das Gewicht meines Kopfes abzugeben an den Boden. Mein Nacken entspannt sich. Nach einer Weile bricht aus mir ein Zittern hervor, irgendwo im Brustraum beginnt es und verteilt sich von dort in meinen Körper. Dann kommen Tränen. Seit dem Unfall habe ich nicht mehr geweint. Jetzt geht es. Ich lasse die innere Bewegung geschehen, meine Tränen sind mir nicht unangenehm. Es ist ein erlösendes Weinen, als wenn ein Schrecken von mir abfiele, der in mir „gespeichert" war. Dann tauchen einzelne Bilder vom Unfall auf, aber irgendwie ist es okay. Ich öffne die

Augen und schaue in den Himmel, Baumwipfel über mir wiegen sich leicht im Wind. Die Erde unter mir gibt mir festen Halt, ich könnte hier ewig so liegen. Da merke ich, dass ich nur noch schaue, meine Tränen sind abgeebbt. Lange liege ich einfach nur da, das Zeitgefühl habe ich verloren, bis sich mein Magen meldet. Hunger, natürlich, es müssen Stunden vorbeigezogen sein. Allmählich löse ich mich von meinem Ankerplatz. Vor dem Gehen verneige ich mich voll Dankbarkeit und Ehrfurcht vor der Erde und diesem Ort. Heilende Kräfte sind mir zugeflossen, ein Teil Erlösung für mein traumatisches Erlebnis. Ich werde wiederkommen."

Vito, 37, sorgt inzwischen regelmäßig für „Solo-Zeiten in der Natur". Er hat einen Job, durch den er fast nonstop vor einem Bildschirm sitzt, ob im Büro oder im Homeoffice. Er hat schnell gespürt, dass ihm das nicht guttut, aber es geht eben nicht anders. Ein Fitnesstrainer konnte zwar seinen Bewegungsdrang auffangen, aber Bewegung und Krafttraining allein reichen ihm nicht, um ausgeglichen und kreativ zu bleiben. So suchte er weiter und wurde fündig bei einem Webinar, das ihn in die Natur führte. Nach den ersten Sessions war er angefixt. Paradoxerweise wieder über einen Bildschirm, aber dies war ja nur auf Zeit. Bald war er ohne digitalen Support unterwegs in der Natur. Die Ermutigungsimpulse hat er noch im Ohr: Die Natur empfängt uns, wir sind willkommen. Sie lädt uns ein, einfach da zu sein, ohne etwas machen zu müssen.

Seitdem geht er von Zeit zu Zeit hinaus, kommt innerlich zur Ruhe, „lüftet" seinen Geist, „lädt den seelischen Akku wieder auf", wie er es nennt. Und mit der Zeit ist eine Art Vertrautheit gewachsen. Er fühlt sich zu Hause in diesem offenen Raum, vertraut mit Pflanzen, Tieren und allen Phänomenen des Wetters, die ihm begegnen. Immer wieder geschieht es, dass er mit einer Botschaft zurückkommt, die ihm ganz persönlich geschenkt wird. Das kann eine Weisheit sein, bei der Arbeit einen Lösungsansatz trotz viel Investments doch fallen zu lassen. Einmal kam ihm ein alter Freund in den Sinn und er beschloss, ihn anzurufen. So erfuhr er von einer schweren Diagnose, die sein Freund gerade erhalten hatte. Obwohl sie lange nichts mehr voneinander gehört hatten, lebte die alte Verbundenheit wieder auf. Der unverhoffte Anruf in dieser Situation bedeutet ihm enorm viel. Vito gesteht: „Wenn ich erzähle, dass sich dieser Impuls eingestellt hat, als ich länger bei einem Ameisenhaufen gesessen habe, rollen manche sicher mit den Augen. Aber das muss ich ja niemandem erzählen. Ich fühle mich tatsächlich sehr verbunden mit allem Leben hier draußen. Und ich bin so froh, dass ich diese lebendige Beziehung mit der Natur gefunden habe. Ich empfange durch sie so viel!“

Gott klingt nach einem lebendigen Geheimnis

Menschen, die schon auf mehrere Jahrzehnte zurückschauen, staunen, dass der Begriff „Gott“ inzwischen nicht mehr so viel Abwehr oder Desinteresse auslöst wie früher. Damals war von Gott oft die Rede, wenn es galt, ethische Prinzipien moralisch „abzusichern“. Er fungierte quasi wie eine Verstärkung der Appelle. Wenn klar war, was man tun sollte, versprach man sich von der göttlichen Autorität, dass es auch geschah – es geschah aber oft nicht.

Die Mehrheit hat sich von diesem Verständnis inzwischen emanzipiert. Sie will ja handeln, Verantwortung übernehmen, aber ohne Druck. So hat sie nach Kraftquellen gesucht, die ihr Tun unterstützen. In diesem Wandel wird auch „Gott“ wieder attraktiver. Menschen assoziieren mehr und mehr die „Lebensquelle“, eine „höhere Kraft“ und verstehen Gott letztlich als ein Geheimnis. Das weckt Interesse.

Dazu haben die Veränderungen in den Kirchen beigetragen. Aber auch andere Bewegungen in der Gesellschaft, die unabhängig, manchmal auch in bewusster Abgrenzung zu Kirchen die Sehnsucht nach religiösen Erfahrungen kultiviert und eine Vielfalt an „Spiritualitäten“ ausgebildet haben. Auch der Zuwachs von Menschen aus anderen Kulturen war hier ein fördernder Faktor. In der Selbstverständlichkeit, wie ihre Religion und ihr Gottesglaube für viele zum Leben dazugehört, hielten auch sie die Frage nach dem „Göttlichem“ wach. Das heißt nicht, dass auf einmal alle nach Gott fragen. Natürlich leben weite Teile der Bevölkerung weiter in Distanz zur Religion. Für einige ist nicht nur Kirche als Institution „verbrannt“, sondern auch Gott ein Unwort, vergiftet mitunter oder einfach nur leer. Andere aber – und die Zahl wächst – sind dankbar, dass sie nicht nur in Fernost oder Südamerika suchen müssen, sondern dass sich ihre Suche verbindet mit einer neuen gesellschaftlichen Offenheit für spirituelle Fragen und auch für die Quellen im Christentum. Schließlich hat die westliche Gesellschaft prägende christliche Wurzeln. Durch die Auseinandersetzung mit den dunklen Seiten des Christentums (Machtmissbrauch, sexualisierte Gewalt, Gottesvergiftung) konnten auch die hellen und hilfreichen wieder neu entdeckt werden: Gott als Quelle der Liebe und des Vertrauens. Gott als Versöhnungskraft, wo Beziehungen zwischen Menschen zerrissen sind. Gott als Friedenskraft mitten im Krieg. Gott als Widerstandskraft gegen Hass und Gewalt.

Dass „Gott“ für ein lebendiges Geheimnis steht, das niemand ergründen kann, ist in Teilen der Gesellschaft Konsens. Dort wird er als wirksam und erfahrbar vorausgesetzt oder zumindest nicht ausgeschlossen. Im Sinne einer positiven Vermutung, dass da etwas sein könnte. Da könnte sich etwas erschließen. Und es könnten Quellen zu entdecken sein, die wir dringend brauchen. „Die Theorie beschreibt nicht, wie die Dinge ‚sind', sondern wie sie ‚stattfinden' und sich ‚wechselseitig beeinflussen'. Sie sagt nicht, wo ein Teilchen ist, sondern wo es sich ‚von den anderen sehen lässt'", zitiert jemand einen bekannten Quantenphysiker (Rovelli, Die Wirklichkeit, die nicht so ist, wie sie scheint, 152). Und er ergänzt: „Ist das nicht mit Gott auch so?"

Zu dieser neuen Offenheit tragen die Kirchen wesentlich bei, nicht nur durch ihr Verhalten, sondern auch durch ihre Theologie. Wenn sie öffentlich sprechen, legen sie den Schwerpunkt darauf, das Gottesbild vom Ballast der Verzerrungen und Missverständnisse freizulegen und diese Basis in den Mittelpunkt zu stellen: Göttliches Sein und Liebe als Kraft durchdringen das ganze Leben und die Welt. Die Geist-Existenz Gottes ist sehr anschlussfähig, um dieses Ineinander und Miteinander zu beschreiben. Immer mehr Menschen im Christentum entdecken neu, was seit Urzeiten Teil christlichen Glaubens ist: Gottes Wirken im Geist wird nicht nur personal vorgestellt, sondern als Kraft, als Energie verstanden, von der Menschen erfasst und inspiriert werden können.

Für manche bildet die Lehre von der Dreieinigkeit die Brücke zu dieser Erweiterung ihres Gottesverständnisses. Nach ihr sind die drei Personen Gott Vater, Sohn und Heiliger Geist eine Einheit und durchdringen sich gegenseitig (der Begriff *Perichorese* versucht, dieses Geheimnis zu beschreiben). Manche können mit Gott als Vater und Gott als personal vorgestellter Größe nichts anfangen. Für sie öffnet die göttliche Geistkraft einen Weg. Sie halten sich an *Ruach*, Geist, Wind, Atem Gottes, dem Menschen eingehaucht (Genesis 2,7). Darin ist das göttliche Geheimnis ganz gegenwärtig. Manche betonen, dass *Ruach* im Hebräischen weiblich ist. Anderen ist wichtig, dass Gott ohnehin die männlichen und weiblichen Bilder, die wir haben, übersteigt. Durch *Ruach* wird der Mensch zu einem Wesen mit „Seele". Das hebräische Wort dafür ist *Näfäsch* und meint ursprünglich Kehle. Essen und Trinken halten Leib und Seele zusammen, sagt man. Die Kehle steht für unsere Bedürftigkeit, unser Angewiesensein, unsere Verletzlichkeit. Einatmen und ausatmen, empfangen und abgeben sind der Grundrhythmus unseres Lebens. Solche Entdeckungen verbinden sich mit der Wertschätzung des Atems in den unterschiedlichen Meditationspraktiken. Oder das Herz wird entdeckt als Ort, an dem Gefühl und Verstand zusammenkommen: Vernünftiges, rationales Denken und Gespür und Intuition, Kopf und Bauch spielen zusammen im Blick auf Entscheidungen, die zu treffen sind. Im Herzen ist nach biblischem Verständnis das Gewissen lokalisiert und die Entschlossenheit. Das Herz ist auch das Organ, das die große Liebe aufnimmt, die Menschen uns schenken, die Gott durch uns hindurchfließen lässt.

Auch die Erde als „schöpferisches Geschöpf" (siehe Moltmann) eröffnet neue Zugänge. Mühen mit Schöpfer und Schöpfung können sich wandeln. Die einen haben die Schöpfung nicht mit der modernen Naturwissenschaft überein bekommen (Urknall, Quantenphysik, Evolution). Für andere hat „Macht euch die Erde untertan" Unterdrückung und Ausbeutung zu lange gerechtfertigt. Das gibt es natürlich alles noch. Aber es wird weniger. Wenn ich die Erde als „schöpferisches Geschöpf" sehe, entsteht ein neuer Blick für das, was zusammengehört: Erfahrungen mit der Kraft der Erde, aber auch mit der Zerbrechlichkeit der Ökosysteme und der eigenen Verantwortung. Daraus entstehen heilsame Kräfte für unsere Zukunft, für unser Miteinander als Menschheit und unser Zusammenleben mit Tieren und Pflanzen, der gesamten Natur.

Auch Jesus wird mehr und mehr in seiner Bedeutung für die Gegenwart entdeckt: als Christuskraft, die Menschen erfüllt, und die sich durch sie in der Welt ausbreitet durch heilsame, erlösende, stärkende Begegnungen mit ihm. Ganz gleich, ob sie bewusst so benannt oder gar nicht ausdrücklich als solche identifiziert wird. Christuskraft verkörpert sich in uns Menschen, wo wir aufgerichtet werden, Freiheit erleben, Heil werden. Inkarnation heißt ja „Einkörperung". Es geht um göttliche Gegenwart und Wirksamkeit in uns Menschen.

Die neuen Verständnismöglichkeiten sind inspirierend für das spirituelle und religiöse Selbstverständnis der neuen Zeit und für den interreligiösen Dialog. Es geht darum, Gott in dieser Fülle zu verstehen, als Zusammenspiel verschiedener Verkörperungen und Kräfte, als großes Geheimnis der Liebe, das sich auch im eigenen Herzen einwurzelt und zugleich viel größer ist als das Ich, und das den Einzelnen mit dem Universum, dem Leben, mit anderen Menschen verbindet. Es war dem Christentum ja nicht fremd, Gott so zu beschreiben, aber es war im Lauf der Geschichte aus dem Blick geraten und daher einem Großteil unbekannt. So wird ein alter theologischer Begriff neu entdeckt: Panentheismus. Gott durchdringt alles. Gott geht nicht in allem auf, aber er ist in allem zu finden, durchdringt es als die Quelle des Lebens und der Erneuerung. Das heißt nicht, dass alles göttlich ist. Sondern lässt es offen, wie und wo genau Göttliches ist. Und es heißt, Gott durchdringt auch das Böse. Nicht um es zu beschönigen, sondern als Kraft der Verwandlung, der Überwindung, Erlösung und Neuwerdung. Am Kreuz Jesu hat

Gott als Ursprungsquelle des Universums und als Kraft täglichen Lebens gehört zusammen und stärkt das Menschliche, das Humane, das Miteinander.

das Böse seine schrecklichen Fratzen gezeigt und konnte doch göttliches Leben nicht einfach zerstören oder im Grab festhalten. Gott durchdringt alles. Als heilsame Verwandlungskraft. In Gott „leben, weben und sind wir“, heißt es in der Apostelgeschichte (17,28). Diese und andere Worte werden neu entdeckt und helfen, eigene spirituelle und religiöse Erfahrungen zu verstehen: „Die Hoffnung aber stellt uns nicht bloß, ist doch die Liebe Gottes ausgegossen in unsere Herzen durch den Heiligen Geist.“ (Römerbrief 5,5 Zürcher Bibel)

Panentheismus hat in der Theologie lange Zeit eine Nischenexistenz geführt. Das wird jetzt anders. Podcasts und Bücher erscheinen zu der neuen Art, Gott zu denken und göttliche Wirksamkeit zu beschreiben. Ihr Grundtenor – energetische Durchdringung, göttliche Geistkraft (*intra nos*, in uns) und Gott als liebendes und schöpferisches Gegenüber (*extra nos*, außerhalb von uns) – sind keine Widersprüche, sondern Dimensionen ein und derselben Wirklichkeit. Gott als Ursprungsquelle des Universums und als Kraft täglichen Lebens gehört zusammen und stärkt das Menschliche, das Humane, das Miteinander.

Theologinnen und Theologen werden beflügelt durch das neue Lebensgefühl und neue Denkansätze. Erkenntnisse aus dem Embodiment erschließen theologische Traditionen zur Inkarnation und zur Mystik auf neue Weise und eröffnen wiederum Menschen neue Erfahrungen mit der Christus-Gegenwart und wie sie sich in ihnen verkörpert.

Auf einmal atmet der Bezug auf Gott etwas Kraftvolles und Verbindendes. Mancher, der sich einmal von der Kirche entfernt hatte, weil ihm die Lehre zu abstrakt oder abgestanden erschien, wird wieder neugierig. Diese Art, Gott zu verstehen, ist etwas völlig anderes! Es entstehen Theologie-Labs mit Interessierten aus den unterschiedlichen biografischen, kulturellen und religiösen Hintergründen. Für christliche Menschen ist es eine Wohltat, in diesen Dialogen ihre eigene theologische Sprache weiterzuentwickeln. Sie werden auch als wichtige Gesprächspartnerinnen gesucht, wenn um Klarheit gerungen wird. Neu schätzen sie ihre theologische Ausbildung, von der sie jetzt zehren. Für viele gewinnt sie in den neuen Zusammenhängen neue Relevanz.

Gottes Dasein kann nicht konserviert werden

In den fetten Jahren der Ressourcenfülle gingen Geist und Wachstum eine verhängnisvolle Allianz ein. Meist ohne es zu wollen oder zu merken, hatte man beides verknüpft: Wenn etwas wächst, ist es gesegnet. Wenn etwas gut läuft und sogar immer besser, größer wird an Zahlen, Reichweite, Einfluss, dann ist darin Gott am Wirken. Die geistliche Qualität wurde oft unbewusst am Wachstum gemessen. Als die Ressourcen knapper wurden, ahnte man: So einfach ist es nicht.

Die Nähe Gottes ist jeden Tag neu und kann in traditionellen und neuen Formen gleichermaßen entdeckt werden.

Auch das allgemeine Lebensgefühl unterstützt diese Gleichung nicht mehr. Die Zukunft ist nicht mehr – wie teilweise in früheren Jahrzehnten – mit der Hoffnung verbunden, dass das Leben insgesamt besser, angenehmer oder ertragreicher wird. Die Zukunft ist angesichts der Zerbrechlichkeit vertrauter Lebensräume zu einer Aufgabe geworden. Auch in der Kirche. Unter diesen veränderten Vorzeichen musste neu gesucht werden nach dem, was das Geistliche ist. Wie wirkt Gott im Mangel? Die Haltung der Gottoffenheit wurde neu entdeckt: aufmerksam wahrnehmen, wo göttliche Kraft wirkt – und wo nicht. Menschen machen auch im Mangel vertiefte Erfahrungen der Gottesnähe. Geistwirken ist nicht abhängig von einer Wachstumsdynamik.

Auch die Verbindung „Was innovativ ist, ist gut und geistlich“, hat sich als trügerisch erwiesen. Das hat zu einer neuen Einschätzung des Neuen geführt. Neu ist nicht schon an sich gut und geistgewirkt. Neu ist gut, wenn etwas von innen heraus neu lebendig wird, wirksam, anziehend und stärkend. Das kann in alten *und* neuen Formen geschehen, in Wachstumsprozessen *und* im Mangel.

Dass man eine Zeit lang Geistwirken und Innovation im gleichen Atemzug nannte, war „biblisch provoziert“. Schaut man in die Bibel, ist vom Neuen immer in einem positiven Zusammenhang die Rede. Wie kommt das? Das Neue steht in den biblischen Schriften im engen Bezug zum je neuen Heilshandeln Gottes. Die Propheten kündigen das künftige heilvolle Wirken Gottes als „neu“ an. Es wird abgesetzt von früherem Heilswirken, an das sich Israel gerne erinnert, das aber als Vision für das Kommende nicht mehr ausreicht. Was werden will, wird von Gott inmitten des Vorfindlichen hervorgebracht, ist aber nicht aus diesem Vorfindlichen ableitbar. „Gedenket nicht an das Alte und achtet nicht auf das Vorige. Denn siehe, ich will ein Neues schaffen, jetzt wächst es auf, erkennt ihr's denn nicht?“ (Jesaja 43,18 f.) Die prophetische Hoffnung war grundsätzlich ausgerichtet auf ein neues *Handeln Gottes*. In Jesus Christus aktualisiert Gott dann seine Gegenwart und Wirksamkeit erneut. Neu ist, dass Gott jetzt selbst Mensch wird und „Raum in der Herberge“ sucht (Lukasevangelium 2,7). Im griechischen Sprachgebrauch gibt es zwei Begriffe für „neu“: *Kainos* bezeichnet eher das qualitativ Neue im Gegensatz zum Alten, *neos* eher das Noch-nicht-Dagewesene. Im Neuen Testament wird das Wort *kainos* deutlich häufiger gebraucht. Es bezeichnet alles, was mit Jesus und seinem Wirken „neu“ wurde und wird: der neue Bund (1. Korintherbrief 11,25), das neue Wesen des Geistes (2. Korintherbrief 3,6 u. a.), die neue Schöpfung „in

Christus“ (2. Korintherbrief 5,17), der neue Himmel und die neue Erde (Offenbarung 21,1).

Das Neue wird also nicht aufgrund seiner Neuartigkeit oder Originalität geschätzt, sondern weil Menschen darin die Nähe Gottes erkennen. Sie können sich für das noch Unbekannte und Unerhörte öffnen, weil sie erleben, dass Gott darin anwesend ist und wirkt.

Gottes Gegenwart kann nicht konserviert werden. Gott zu begegnen, ist eine Erfahrung, die sich immer neu vollzieht und zwar – das liegt in der Natur einer Begegnung – für beide Seiten: neu für Gott und neu für die Menschen. Gott kommt immer neu auf die Menschen zu, die Menschen reagieren, indem sie sich öffnen oder nicht, auf ihre Reaktion geht Gott wiederum ein usw. Halten die Menschen an überkommenen Begegnungsweisen mit ihm zu starr fest, entgeht ihnen, dass er – auf wieder neue Weise – unter ihnen ist. Ein Beispiel dafür wird im Markusevangelium erzählt (2,18–22). Jesus wird von einigen Leuten gefragt, warum seine Jünger nicht fasten. Die meisten religiös ernsthaft Gesinnten tun das. Im Fasten suchte man bisher die besondere Nähe Gottes. Jesus lenkt die Aufmerksamkeit auf die neue Anwesenheit Gottes in der Begegnung mit ihm selbst und gebraucht ein Bild: Neuer Wein braucht neue Weinschläuche. Die alten Schläuche waren gut für den Wein der vergangenen Ernte. Inzwischen wurde er konsumiert. In der aktuellen Saison gibt es neuen Wein, der jetzt konsumiert wird. Nur neue Schläuche können ihn verlässlich aufbewahren. Kein Winzer würde erwägen, neuen Wein in alte Schläuche zu füllen. Das wäre absurd, sie würden reißen und alles wäre verlo-

Was werden will, wird von Gott inmitten des Vorfindlichen hervorgebracht, ist aber nicht aus diesem Vorfindlichen ableitbar.

ren. Wie Gott gegenwärtig ist, sucht sich seine Form. Neue Schläuche dürfen aussehen wie die alten – oder neu gestaltet werden. Aber darauf kommt es nicht an. Neue, heutige Gottesdienste dürfen die vertraute, traditionelle Form haben. Sie dürfen auch neu „designed“ werden. Entscheidend ist, dass sie der je neuen Gegenwart Gottes dienen. Darauf kommt es an.

Wie Menschen die Veränderungen erleben

Zum Schluss dieses Kapitels lassen wir ein paar Menschen zu Wort kommen, die erzählen, wie sie die grundlegenden Veränderungen erleben. Anna teilt ihre Christusliebe und ihre Bereicherung durch Menschen anderer Prägung. Thomas erzählt, wie er durch das Gespräch mit einem Kollegen ermutigt wurde, wieder mehr zu seinem Glauben zu stehen. Michael berichtet, was uns der Dalai Lama ins Stammbuch geschrieben hat. Und Kristin erzählt im Interview, wie sie nach schlechten Kirchenerfahrungen in ihrer Kindheit und auf einem buddhistischen Weg den christlichen Glauben neu schätzen gelernt hat.

Michael, 62, *lebt in einer interreligiösen Gemeinschaft, in der Menschen mit christlicher, buddhistischer oder anderer Orientierung ihr Leben gemeinsam gestalten: „Ich erinnere mich noch gut, wie uns der Dalai Lama immer wieder gesagt hat: ‚Kümmert euch im Westen um eure eigenen Wurzeln. Ihr seid das Abendland. Ihr seid ganz anders geprägt als wir in Asien. Ihr habt monotheistische Religionen. Besonders das Christentum hat eure Geschichte in Europa so tief geprägt. Ihr könnt in den Fernen Osten pilgern und Inspiration finden. Aber als Gesellschaft werdet ihr nur weiterkommen, wenn ihr euch mit eurer eigenen Geschichte und Religion auseinandersetzt. Es ist Teil eurer Identität.' Damit haben wir in unserer Gemeinschaft vor Jahren begonnen. Wir erzählen einander, was wir als Quellen erleben. Und auch das Schmerzliche, das wir erlebt haben. Beides ist hilfreich, um uns gemeinsam weiterzuentwickeln."*

Anna, 48, *Trainerin in „Kontemplation und Kraft": „Ich komme aus der christlichen Tradition und hatte immer einen Hang zur Mystik. Ich kenne viele Menschen aus der buddhistischen Tradition oder der muslimischen Mystik und dachte immer: Bei uns gibt es doch auch so viel Wertvolles. Warum suchen die Menschen da nicht? Und ich freue mich total, was sich hier in den letzten Jahren verändert hat. Wie Menschen anfangen, auch die christlichen Quellen wieder als belebend und stärkend zu erfahren. Ich habe es anfangs fast nicht glauben können. Jetzt erleben wir es. Genial. Auch meine Christus-Liebe hat darin Platz. Nicht so, dass es andere ausschließt. Sondern auf eine Weise, die mich in der Tiefe mit anderen verbindet. Das ist ein großes Glück."*

Thomas, 38: *Er hatte sich daran gewöhnt, nicht mehr zu erkennen zu geben, dass er noch zur Kirche gehört. Früher war er selbstbewusster gewesen, hatte gerne von seinem Ehrenamt in der Kirche erzählt. Aber er hatte zu oft gehört, warum er nach den ganzen Skandalen dort noch mitmache und war es leid geworden, sich zu erklären. Es ist besser zu schweigen, war daher inzwischen seine Devise. Doch beim Grillen mit Kollegen wurde er überrascht. Ein Kollege, neu in der Firma, erzählte von seiner Tochter, die eine seltene Krankheit hat. Viele mühsame Jahre Suche nach einer Diagnose im Auf und Ab von Hoffen und Verzweifeln liegen hinter ihm und seiner Familie. Aber damit nicht genug, jetzt, wo die Diagnose klar ist, geht die Suche weiter nach einer Klinik, die seine Tochter behandelt. Bei so wenigen Erkrankten gibt es wenige Orte, die darauf spezialisiert sind. Und die wenigen haben zu wenig Plätze. Gleichzeitig läuft die Zeit davon. „Wir halten es kaum noch aus, diese Ohnmacht, die Abweisungen, das Warten." Er zögert, weiterzusprechen, schluckt und gibt sich dann einen Ruck. „Ich würde ihr so gerne das Leben leichter machen, sie hat schon so viel durchgemacht." Auf einmal hellt sich sein Blick auf und er erzählt von einem Lichtblick im Dschungel von Klinikzimmern und Arztgesprächen, Anträgen und Telefonaten. „In S. schaut eine Klinikseelsorgerin nach Alina, aber nicht nur nach ihr, auch nach uns Eltern. Endlich jemand, die uns sieht in dem ganzen Chaos. Sie versteht, wie frustriert wir sind, das Gefühl, gegen Windmühlen anzukämpfen. Und sie sieht Alina nicht nur als eine unter ein paar Tausend, für die sich die Forschung nicht richtig lohnt. Immer wieder betont sie, wie wichtig sie ist. In ihrer Gegenwart ist Alina nicht nur ein seltenes Problem. Sie ist einzigartig. Im Grunde ist das ja jeder Mensch, aber wenn du immer das Gefühl hast, du stehst am Rand und bist besonders problematisch, und dann gibt es nicht mal eine angemessene Behandlung für dich, das zieht so runter. Frau T. ist ein Goldschatz. Wir warten immer noch auf einen Platz, aber Alina ist jetzt ganz gut versorgt, sie ist immerhin stabil. Und bis sie in die Spezialklinik wechseln kann, besucht sie Frau T. fast täglich. Dass es ihr jetzt so geht, daran hat diese Seelsorgerin einen hohen Anteil, da bin ich sicher." Auf dem Weg nach Hause spürt Thomas, wie es ihn gestärkt hat, diese Geschichte von seinem Kollegen zu hören, wie gut diese Seelsorgerin der Familie tut.*

Interview

Kristin lebt wie Michael in einer interreligiösen Gemeinschaft, in der Menschen mit christlicher, buddhistischer oder anderer Orientierung ihr Leben gemeinsam gestalten. Sie hat keine guten Kindheitserfahrungen mit dem christlichen Glauben gemacht und sich viele Jahre buddhistisch orientiert. In den letzten Jahren ist eine neue Offenheit für den christlichen Glauben gewachsen.

(Interviewerin): *Kristin, du kannst ein paar Jahrzehnte überblicken. Du lebst in einer interreligiösen Gemeinschaft. Du hast dich sehr mit Buddhismus und Christentum auseinandergesetzt. Was ist aus deiner Sicht die größte Veränderung im Christentum?*

Kristin: *Ich antworte jetzt mal inhaltlich und lasse die Strukturen mal außen vor. Ich glaube nämlich, dass diese inhaltliche Veränderung die wesentliche ist. Früher dachte ich immer, beim Christentum geht's um einen Gott da oben, der mit der Welt nicht viel zu tun hätte. Außer uns zu sagen, was wir zu tun haben, uns Richtlinien fürs Leben zu geben. Überhaupt ging es oft um Appelle. Manchmal hatte ich den Eindruck, den Christen ist es ein bisschen peinlich, von Gott selbst zu reden. Sie sprachen lieber darüber, dass man den Nächsten lieben soll. Das ist jetzt nicht mehr ganz so, zumindest nehme ich in den letzten Jahren eine neue Offenheit wahr. Mehr Menschen suchen neu nach Gott. Sie trauen ihrer eigenen Religiosität mehr zu, auch ich. Dass das Göttliche in mir und in dir ist, ist mir aus meinem buddhistischen Weg vertraut. Dass es auch im Christentum so zentral ist, ist mir erst viel später deutlich*

geworden. Ich hatte früher damit eher so ein „Ich-bin-ja-Sünder-Gefühl" verbunden. Aber wer ist schon gerne ein schlechter Mensch!
Dass auch im Christentum Gott im eigenen Herzen, im Menschen wohnt, hatte ich nicht auf dem Schirm. Mich begeistert das immer wieder. Weil es so einfach ist und offensichtlich, wenn man es einmal entdeckt hat. Und hinterher kann man gar nicht mehr verstehen, warum man nicht früher draufkam.

I: *Ich muss das gerade noch mal nachvollziehen. Du hattest mit der Kirche abgeschlossen. Du hast deinen buddhistischen Weg gefunden und erzählst jetzt so begeistert von den Veränderungen im Christentum. Wie passt das zusammen?*

Kristin: *Weißt du, mein buddhistischer Weg hat mir sehr geholfen, in mir klarer zu werden. Mehr Disziplin in meine Gedanken zu bekommen. Mich besser zu fokussieren. Es ist ja ein Übungsweg. Ich habe erfahren, wie ich mit dem Leben verbunden bin. Aber ich konnte auch nicht mit allem etwas anfangen, zum Beispiel mit der Reinkarnation. Ich habe mich damit auseinandergesetzt und mehr und mehr auch die Schattenseiten entdeckt, zum Beispiel wie gefangen das Leben im Karma sein kann. Das passte für mich immer weniger zur Liebe, die im Grunde ja eine göttliche Kraft ist, die alles durchdringt und umfasst.*

I: *Und da hat dir das Christentum geholfen?*

Kristin: *Ja. Aber ich musste mich erst von dieser negativen Sicht auf uns Menschen trennen. Dafür waren Leute in meiner Gemeinschaft wichtig, die mir überzeugend gezeigt haben, wie auch im Christentum Gott in allem präsent ist. Und früher war mit dem Sündergefühl immer das Damoklesschwert des Gerichts verbunden. „Wenn du nicht brav bist ..." Ich habe gelernt, dass ich das mit dem Gericht ganz anders verstehen kann: dass nämlich das Böse besiegt und überwunden wird. Dass Gott die Dinge zurechtbringt. Opfer von Gewalt bekommen ihr Recht. Wunden können heilen. Täter werden gestellt ... Das ist für mich keine Vertröstung, sondern wirksamer Trost und Entlastung. Ohne diesen Ausblick könnte ich manches in dieser Welt nicht ertragen, ehrlich!*

I: *Noch mal zurück zu „Gott in allem". Besteht dann nicht die Gefahr, dass alles verschwimmt und man sich das Schlechte schönredet?*
Kristin: *Ganz und gar nicht. Ich rede mir nichts schön. Ich sehe das, was nicht gut ist, sehr klar und es betrifft mich auch emotional. Zurzeit habe ich viel mit Trauer zu tun, weil ich in kurzer Zeit einige liebe Menschen verloren habe. Und gleichzeitig bin ich aufgehoben. Ich habe den Eindruck, ich nehme mich auf diese Weise ganz ernst.*

I: *Aber in uns ist doch nicht nur Gutes. Da gibt es doch alle möglichen Regungen. Woher weißt du denn, was von Gott ist?*

Kristin: *Ich fange mal so an. Ich bin überzeugt, dass Gott nur Gutes will. Dass er Liebe ist und Lebensquelle und Heilkraft. Also: Was offensichtlich Leben kaputt macht, was dich und andere zerstört, das ist nicht von Gott. Dem willst du dich ja auch nicht aussetzen. Du spürst, dass das nicht gesund ist.*

I: *Aber oft ist ja gar nicht so klar, ob es gut ist oder nicht. Oder für die einen ist es gut und für den anderen nicht.*

Kristin: *Klar. Dann frage ich mich und wir tun das als Gemeinschaft auch: Führt uns das in eine größere Freiheit? In eine größere Liebe? Oder macht uns das eng und ängstlich und trostlos? Diese Fragen sind übrigens von Jesuiten zu uns gebracht worden. Wir haben sie aufgenommen, weil sie für alle Sinn ergeben und uns echt weiterhelfen, auch auf emotionaler Ebene.*

I: *Und darauf gibt es immer eine klare Antwort?*

Kristin: *Nicht immer gleich. Aber im gemeinsamen Fragen stellt sie sich ein. Manchmal brauchen wir ein bisschen Geduld. Aber ich erinnere mich an keinen Fall, an dem es nicht irgendwann klar gewesen wäre.*

I: *Ich danke dir sehr für dieses Gespräch und deine engagierte Art.*

Impulse zur eigenen Vertiefung

Vielleicht haben Sie Lust, selbst auf Spurensuche zu gehen oder mit Freunden und Freundinnen oder in einer Gruppe darüber ins Gespräch zu kommen. Hier finden Sie ein paar Fragen, die dazu anregen:

- Wo mache ich selbst spirituelle oder religiöse Erfahrungen? Wo vermisse ich sie vielleicht auch?
- Wie nehme ich meinen Körper wahr? Liegt in meinen Körperempfindungen eine Botschaft?
- Ich schaue auf Situationen, in denen meine Intuition ge-

fragt ist. Und wenn ich sie ernst nehme und ihr folge, dann entdecke ich …

- Welche Worte habe ich für das, was ich glaube – und was ich nicht glaube? Mit wem könnte ich mich darüber austauschen?

Für Ihre Notizen:

Meine Erfahrungen, meine Fragen:

Wer möchte, kann diese Impulse auch mit weiterer Literatur vertiefen (vgl. Literaturverzeichnis am Ende des Buches).

- Zur Bedeutung spiritueller bzw. religiöser Erfahrung:
  - Peter Moore: Neuerfindung der Religion
  - Hermann Schmitz: Der Leib, der Raum und die Gefühle
  - Walter Wink: Verwandlung der Mächte
- Zur Übertragung bzw. Neuformulierung biblischer Texte:
  - Arnold Stadler: „Die Menschen lügen. Alle" und andere Psalmen
  - Pierre Stutz: Du hast mir Raum geschaffen
  - Reiner Knieling: Kraftworte (3 Bände, 2021–23)
- Zu spiritueller bzw. religiöser Erfahrung und Glaubenssprachfähigkeit:
  - Esther Maria Magnis: Gott braucht dich nicht. Eine Bekehrung
  - Isabel Hartmann, Reiner Knieling: Gott: Wie wir den einen suchten und das Universum in uns fanden

Und nicht zuletzt: Lesen Sie biblische Geschichten mal mit den Fragen:

- Welche Bedeutung hat der Körper: Augen, Hände, Füße, Berührung, Bewegung, laufen, schauen ...?
- Wie spielen Körper und Kopf zusammen? Und wie Herz und Hände?

4. Das neue Wir

Ein neues WIR-Bewusstsein entsteht und wächst

Die Sehnsucht führt Menschen wieder zusammen. Viele haben die Jahrzehnte individueller Entfaltung und großer persönlicher Freiheiten genossen. Das war wichtig nach den Normierungen in den Zeiten davor. Aber mehr und mehr wurden die „Nebenwirkungen" von Individualisierung und Pluralisierung spürbar. Verschiedene Lebensentwürfe nebeneinander schaffen noch kein WIR, das die Einzelnen verbindet. Die Polarisierungen und Risse in westlichen Gesellschaften führen uns vor Augen, wie viele Fäden abgerissen sind und Verbindungen zwischen den einzelnen Lebenswelten fehlen. Die Sehnsucht nach Verbundenheit und einem neuen WIR-Bewusstsein in der Gesellschaft wächst. Menschen mit unterschiedlichen Überzeugungen verbinden sich, um für Demokratie

Wenn unterschiedliche Einsichten, Meinungen und Interessen Platz haben sollen, braucht es eine Verbundenheit auf einer tieferen Ebene, um konstruktive Lösungswege zu gehen.

einzustehen. Sie verbinden sich auch, um an einer guten Kultur des Miteinanders zu arbeiten. Unternehmen schaffen Formen, in denen ein neues Miteinander die Basis für Arbeitszufriedenheit und wirtschaftlichem Erfolg gleichermaßen ist (Beispiele sind zusammengestellt in Laloux: Reinventing Organizations). All das sind Bewegungen hin zu einem neuen Miteinander und Gegenbewegungen zu den Polarisierungen und Rissen in der Gesellschaft. In ihnen drückt sich die Sehnsucht aus, im eigenen Handeln für eine nachhaltige Zukunft mit anderen Menschen verbunden zu sein. Auch und gerade dort, wo vordergründig verschiedene Überzeugungen oder Interessen den Weg zueinander versperren. Wenn unterschiedliche Einsichten, Meinungen und Interessen Platz haben sollen, braucht es eine Verbundenheit auf einer tieferen Ebene, um konstruktive Lösungswege zu gehen.

Krafträume und Power-Spaces

Unsere Vision lassen wir von diesen Keimen eines neuen WIR inspirieren. Wir stellen uns vor, wie sie weiterwachsen und aufgehen – nicht alle, aber ausreichend viele. Daraus entstehen neue Brücken. Immer mehr „Verbindungsfäden“ werden gesponnen über die eigenen Lebenswelten hinaus auch zu Menschen aus anderen Ländern und Kontinenten und über die Grenzen der eigenen Religion hinweg. Das alles geschieht nicht – wie es die Sorge mancher war – gegen das Eigene, gegen die eigene Prägung, die eigene Religion. Vielmehr kommen in dieser Verbundenheit die eigenen Wurzeln und Erfahrungen, auch die religiösen, im besten Sinne zur Entfaltung. Und dabei spielt das Christentum eine selbstverständliche Rolle. Christinnen und Christen bringen sich ein. Sie wissen, was sie können und was nicht. Sie profitieren von anderen und lernen dazu. So wie all die anderen auch.

Das gibt es hier und da schon jetzt. Und wir sind zuversichtlich, dass es weiterwachsen und sichtbarer werden und der Gesellschaft guttun wird. Wir sind überzeugt: In dem neuen WIR-Bewusstsein bilden sich neue Formen des Miteinanders. Und es werden sich Orte herauskristallisieren, wo Freiheit und Inspirationslust großgeschrieben werden. Aus einigen Keimlingen können sich große Pflanzen entwickeln. Wer Lust hat, mit uns diese Vision zu träumen, lese gerne dieses Kapitel weiter.

Es werden sich Orte herauskristallisieren, wo Freiheit und Inspirationslust großgeschrieben werden.

Es sind besondere Highlights, wenn sich Menschen hier in Präsenz treffen. Aus unterschiedlichen Hintergründen und religiösen Prägungen kommen sie zusammen, um sich gegenseitig zu stärken für das, was zu bewältigen ist. Man kann sich zugehörig fühlen und verbunden mit allen, ohne dass das Gefühl aufkommt, so werden zu müssen wie andere. *Krafträume* werden sie im deutschsprachigen Raum genannt, *Power-Spaces* im internationalen Kontext.

Es sind besondere Tage und Orte, die in einer digital geprägten Welt wertvoll sind. Um die 50 Menschen finden sich ein, mal 30, mal 80. Sie nehmen sich die Zeit und verbringen diesen Tag miteinander. Sie treffen auf offene Ohren und Herzen für das, was gerade obenauf liegt. Und für das, was sonst selten gesehen wird. Für das, was die Welt bewegt. Und für das, was im eigenen Herzen verborgen ist. Sie schenken einander Aufmerksamkeit und achten auf eine unterstützende und inspirierende Atmosphäre.

Ein Kennzeichen ist die Vielfalt an diesem Tag: Meditation, Singen und Musik gehören dazu, Körperspiel, Tanz, Kunst, geistiger Austausch, kontroverse Debatten und schöpferische Dialoge, Begegnung mit und in der Natur. Die Tage bekommen ihr Gepräge durch die Menschen, die sich einbringen, mitgestalten und einfach dabei sind. Die Vielfalt hat daher immer eine andere Farbmischung. Es sind Treffen, durch die ein Hauch neuer Wirklichkeit weht. Wer zum ersten Mal dabei ist, wird unmittelbar mitgenommen von der wohltuenden Atmosphäre, die Geist und Seele aufrichtet und die Teilnehmenden wieder neu in ihrer Körperenergie verankert. Dabei achten sie auf die Quellen, aus denen sie leben und von denen sie zehren. Für manche sind Zeiten der Stille besonders wichtig. Andere tanken beim gemeinsamen Singen und Reden auf. Anderen gibt es Kraft, Gleichgesinnte für ihr Engagement zu finden. Mit neuem Mut und vielen Anregungen schwärmen sie am Abend wieder aus. Inspiriert begegnen sie den Menschen, die sie zu Hause erwarten. Mit gestärktem Rückgrat engagieren sie sich weiter für eine bessere Welt.

„Jeder Mensch hat ein zweites Gesicht", war zum Beispiel ein Thema bei einem solchen Kraftraum-Treffen. Angeregt wurde es durch die Idee des türkischen Fotografen *Mehmet Genç*: Der wollte wissen, wie Menschen vor und nach einem Kompliment aussehen, fotografierte eine Person ein erstes Mal, machte ihr dann ein Kompliment – „Du bist sehr schön" – und drückte kurz darauf ein zweites Mal ab. Die Ergebnisse sind verblüffend. Das einfache Kompliment hatte eine große Wirkung: Die Gesichtszüge hellten sich auf, Menschen lächelten beglückt oder strahlten, ihre Augen spiegelten einen neuen Glanz. Man sieht in diesem Moment etwas in den Gesichtern aufscheinen, was noch in den Menschen steckt, ihre Lebendigkeit und Schönheit. Bei dem Kraftraum-Treffen wurden Fotos von *Mehmet Genç* und anderen, die Ähnliches gemacht haben, gezeigt. Einige hat die Idee inspiriert und sie bringen selbst gemachte Fotos aus ihrer Stadt mit von Menschen vor und nach dem Kompliment.

„Welche Gesichter stecken noch in uns?", ist die Frage, die kreatives Schaffen und Gesprächsrunden an diesem Tag prägten. Und wie werden wir gesehen von der schöpferischen Lebenskraft, der wir uns verdanken? Wie sieht uns Gott? Manche finden interessant, dass sie sich diese Frage noch nie gestellt haben. Und die Antworten sind ganz unterschiedlich und vielseitig ... Wer mag, kann so etwas einfach selbst ausprobieren.

Stephan, 47, *Betriebswirt: „Ich kam in diese Gruppe in L. und gehe immer wieder hin. Die Menschen interessieren sich füreinander. Sie singen einfache Songs, bei denen ich gleich mitmachen kann, obwohl ich gar nicht damit vertraut bin. Sie führen Gespräche, bei denen ich gar nicht genau sagen kann, was da anders ist, als ich es sonst oft erlebe. Es ist eine gute Atmosphäre. Wir bleiben beim Thema. Es gibt keine fertigen Antworten und auch keine schnellen Ratschläge. Es ist mehr so wie eine gemeinsame Suche. Da fällt mir auf: Das Thema ist meistens eine Frage. Eine offene Frage. ‚Was gibt uns Orientierung?' zum Beispiel. Auch die Frage nach meiner Haltung ging mir noch nach. Da kann jede und jeder was beitragen. Viele haben einen religiösen Hintergrund. Ich selbst bin vor Jahren aus der Kirche ausgetreten. Aber diese neue Form gefällt mir. Wir kommen fast immer auf etwas, womit ich so gar nicht gerechnet habe. Ich nehme immer etwas mit für meinen Alltag."*
Bei einem anderen Treffen ging es um die Frage: Wie hängen eigentlich Halt, Haltung, Verhalten und Verhältnisse zusammen? (Vgl. Lambert, Zeiten zum Aufatmen) Einsichten wurden zusammengetragen, Erfahrungen ausgetauscht, Fragen vertieft.

Eine Gruppe hat spielerisch erkundet, welche Verhältnisse es leicht machen, eine aufrechte Haltung zu bewahren, und welche Verhältnisse es erschweren. Die Gruppe ging auch der Frage nach, wie eine aufrechte Haltung in schwierigen Verhältnissen bewahrt wird – und vielleicht sogar dazu beitragen kann, die Verhältnisse ein bisschen zu verändern. Wenn sich mehrere mit ähnlichen Haltungen verbünden und auf die Straße gehen, hat das ja seine Wirkung. Wir sind aber nicht dazu geschaffen, dauernd aus uns heraus Haltung zu bewahren. Auf Dauer überfordert uns das. Was stärkt uns also? Was gibt uns Halt? Eine Gruppe wollte es unmittelbar körperlich ausprobieren und hat mit Verkörperungen experimentiert: Wie fühle ich mich in welcher Haltung? Welche Haltung nehme ich in bestimmten Situationen ein? Welchen anderen Haltungen wären möglich? Was brauche ich dafür?

Nach ihrer Energie befragt, beschreiben die Menschen das Geschehen ganz unterschiedlich, auch für spirituelle Erfahrungen gibt es vielfältige Worte. Biblische Texte tauchen auf, Worte der Weisheit aus verschiedenen Quellen. Manches klingt wie von früher, wird auch nicht von allen verstanden, aber die Menschen spüren die tiefere Wahrheit hinter den Worten. Die einen sagen: „Wir sind durch die Gottesgegenwart auf intuitive Weise miteinander verbunden." Die anderen nennen es „Flow" oder „Körpergespür". Manche sagen, die Krafträume hätten ihre eigenen Engel. Und deshalb gehe so viel von ihnen aus. Andere sprechen lieber von der Geistkraft, die herrscht, oder von der ko-kreativen, freien Atmosphäre, wieder andere von „Achtsamkeit". Einige erzählen von Erfahrungen mit Gott und Christus, andere von – eher unpersönlich gefassten – religiösen Quellen; Weisheiten werden ausgetauscht, von denen viele zehren. Andere brauchen diese Beschreibungen gar nicht. „Spirituelle Erfahrung“ gehört nicht zu ihrem Wortschatz. Jemand sagt: „Ich bin eher handfest. Ich bekomme Kraft, wenn ich was Gutes tue.“ „Für mich ist das spirituell, wenn man Kraft bekommt“, äußert jemand anderes.

Das Christliche ist selbstverständlich Teil des Ganzen geworden, wird auch weniger abgewehrt oder ignoriert. Es dominiert schon lange nicht mehr, versteckt sich aber auch nicht. Es hat sich durchgesetzt, religiöse Erfahrungen und Inhalte nicht von ihrer „Richtigkeit“ her zu beurteilen, sondern von ihrer Wirkkraft. Was heilsam, hilfreich, aufrichtend wirkt, kommt aus einer heilsamen Quelle. Was wahr ist, wird spürbar. Auch lebensfeindliche Energien werden benannt und es zeigt sich, wie sie verwandelt werden können.

Das Christliche dominiert schon lange nicht mehr, versteckt sich aber auch nicht. Es hat sich durchgesetzt, Religiöses nicht von seiner „Richtigkeit“ her zu beurteilen, sondern von seiner Wirkkraft.

Die Krafträume werden so genannt, weil sie Kraft ausstrahlen. Hier treffen sich Menschen, die gesellschaftlich engagiert sind und beruflich und familiär. Sie suchen Austausch und Gemeinschaft. Sie tanken auf unterschiedliche Weise Kraft für das, was zu tun ist. So stehen sie selbst in einer Art „Kraftflow“, der weiterfließt: Sie engagieren sich für fairen Handel, für einen verantwortlichen Umgang mit dem Boden, der uns ernährt, für Tiere und Pflanzen und ihre Vielfalt. Sie pflanzen Bäume, stehen regelmäßig bei der Tafel hinter dem Ladentisch, arbeiten bei „Ärzte ohne Grenzen“, stellen Ressourcen für die Förderung von Kindern und Jugendlichen zur Verfügung, und so weiter und so fort.

Das Ganze profitiert

Von dem neuen WIR profitiert das Ganze: Sind zum Beispiel in einem Unternehmen genug Menschen in dieser Richtung unterwegs, gelingt es ihnen mehr und mehr, sich zu verbinden und Tatkraft aufzubauen zum Wohl aller. Das trägt sehr zu einer neuen Arbeitskultur und nachhaltigen Ressourcenpolitik bei. Man ist froh, wenn hier auch christliche Menschen dabei sind, Menschen, die aus einer Quelle schöpfen, die ihnen Freiheit und Wertschätzung und Respekt gegenüber allem Lebendigen schenkt. Ob christlich oder nicht: Menschen bringen sich zum Wohl des Ganzen ein mit ihrer Entschiedenheit, ihrer Ausdauer und ihrem Durchhaltevermögen. In dem neuen WIR werden Vielfalt und Verbundenheit gleichermaßen gefördert. Man kann es auch so sagen: Das Miteinander wird so gestaltet, dass sich Vielfalt und Verbundenheit gut entwickeln können und Menschen in ihr Potenzial und ihre Kraft gelangen.

Dass Christinnen und Christen sich selbstverständlich ins Ganze einbringen und geachtet werden, hängt auch damit zusammen, dass sich in den Kirchen ein Transformationsprozess vollzogen hat, dass der Fokus wieder mehr auf die Inhalte gerichtet wurde, auf den Auftrag und den Dienst an Menschen. Und dass sich Dunkles wandeln konnte. In ein paar Jahren werden Christinnen und Christen vielleicht mit einem Schmunzeln zurückschauen und erzählen, dass das nicht immer so war und wie sie in die Krise geführt wurden und mehr und mehr gelernt haben, aus dem Modus des Machens, Kontrollierens und Urteilens auszusteigen und in eine Haltung des Empfangens, des Dasein-Lassens und Vertrauens zu finden. Auch ihre Kirchenstruktur haben sie nicht erhalten können, wie sie war. Aber sie vermissen das nicht, was keine Zukunft mehr hatte.

Manche haben ihr „mystisches Herz“ entdeckt, andere haben neu gestaunt, wie viel Kraft im Miteinander mit anderen entsteht. Insgesamt ist die Vernunft ganzheitlicher geworden. Und die kirchlichen Strukturen, die sich neu bilden, passen zu diesen Veränderungen. Christinnen und Christen sind erleichtert und dankbar, dass sie in der Gesellschaft nicht mehr so sehr mit Machtansprüchen identifiziert werden.

Sie sind neugierig zu hören, welche spirituellen Zugänge andere schätzen. Sie hören zu und entdecken, wie einiges davon unmittelbar zu den eigenen Quellen passt. Manche Erfahrungen ähneln einander, auch wenn die Worte verschieden sind. Menschen entdecken, wie Gott ihnen noch auf andere Weise als die gewohnte entgegenkommt. Gemeinsames Lernen und Ausprobieren ist überall im Gange. Manchmal weiß man nicht, ob und wie das, was man gerade erfährt, zur eigenen Tradition passt. Das löst Unsicherheit aus. Doch stärker als diese Unsicherheit ist die geteilte Überzeugung, dass Gott ein Geheimnis bleibt und sich zeigt, wie es jeweils gebraucht wird und Liebe und kraftvolles Engagement für Menschheit und Natur hervorbringt. Das hilft vielen, sich anzuvertrauen.

Supportzentren und Spiritualität

Als Supportzentren für das neue WIR-Bewusstsein werden Kulturhäuser, Theater, Cafés und Gebäude aufgesucht, deren Atmosphäre Menschen anzieht und sammelt. Auch Kirchengebäude sind dabei. Man liebt sie als Krafträume, weil sie so anders sind als die Alltagswelt und spirituelle Empfänglichkeit fördern. Ihre Atmosphäre inspiriert die Gestaltung von anderen spirituellen Räumen, auch im virtuellen Bereich. Firmen nutzen Kirchen für Online-Meetings und -Seminare. Besonders dann, wenn das Spirituelle eine Rolle spielt. Die Aufmerksamkeit dafür ist gewachsen.

Menschen sind dankbar, wenn sie sich mit allem, was sie mitbringen, in einem „größeren Raum" niederlassen können, mit einer Ausrichtung nach oben, himmelwärts. Auch wenn sie online in Meetings oder Webinaren verbunden sind, suchen sie nach stimmigen Formen, die dem Höheren Raum geben. An vielen Stellen gehört die spirituelle Dimension selbstverständlich dazu: leise und wirksam. Das wirkt sich auf die Gestaltung aus. Kleine Unterbrechungen wie Zeiten der Stille sind selbstverständlich geworden. Die Diskussion wird für zwei bis drei Minuten unterbrochen und alle fragen sich: Welche leisen Stimmen melden sich in der Stille? Immer wieder kommt Überraschendes zum Vorschein: Übersehene Facetten der verhandelten Themen werden gesehen, Klientelgruppen, die noch nicht gehört wurden, kommen ins Bewusstsein, und all das kann in die Überlegungen und in die Lösungsfindung einbezogen werden. (Mehr dazu in Kapitel 6.)

Die Welt mit einem wachsenden WIR-Bewusstsein wird eine andere geworden sein. Menschen haben aufgehört, sich auf Rollen und Funktionen zu begrenzen. Sie nehmen sich mehr und mehr als Teil im Ganzen wahr, entdecken Zusammenhänge, sehen Verbindungen, bereichern sich wechselseitig. Menschen sehen sich auch selbst als eine Einheit, als ein Ganzes. Und es ist klar, dass sie sich immer ganz mitnehmen. Immer mehr Menschen wissen wieder um ihre Mitte und um die Quellen, aus denen sie leben. Zeiten und Räume für das, was Kraft gibt, sind häufig zu finden. Zeit dafür zu haben, gehört einfach dazu: Zeit, in der sich die Seele neu ausrichten und Kraft sammeln kann. Menschen hetzen nicht mehr durch den Tag. Sie wissen am Abend noch, wo ihnen der Kopf steht, und wie er mit dem Rest des Lebens verbunden ist. „Wer bin ich?

Und wenn ja, wie viele?", wird zu einer Frage vergangener Jahrzehnte. Neue Buchtitel lauten: „Wie ich verbunden bin", „Über die Spiritualität in allen Geschlechtern", „Göttliches in mir, in anderen und in der Welt", „Kraft im Engagement finden", „Gemeinsam bunt und stark", „Grounded".

Beschenkt werden *und* entschlossen handeln

Immer größer wird eine Gruppe aus dem Raum des Christentums mit großer interreligiöser Offenheit, die ihre Erfahrungen teilen. Sie reden nicht nur von Kraftquellen, sondern leben aus ihnen. Sie entdecken vieles neu in der eigenen Tradition, in der Mystik, in den Befreiungsbewegungen und in der Verbindung von Kampf und Kontemplation. Sie lassen sich beschenken durch Quellen anderer Religionen, aber noch mehr entdecken sie Quellen ihres eigenen Erbes. Wer nach spiritueller Vertiefung sucht, kann immer noch in den Fernen Osten reisen, ein Zen-Sesshin in der Nähe besuchen oder nach Mittel- und Südamerika zu den Quellen der Befreiungstheologie aufbrechen. Aber auch die christliche Mystik ist wieder erwacht. Und verbindet sich mehr und mehr mit dem Einsatz für eine faire und lebenswerte Welt. Das Gute aus der eigenen, christlichen Tradition verbindet sich mit der eigenen Suche und dem stärker werdenden WIR-Bewusstsein. Neue Koalitionen entstehen. Aktivistinnen und Aktivisten sind teilweise müde geworden von den Ansprüchen an sich selbst und andere. Sie spüren, dass Appelle alleine zu schwach sind. Sie verbünden sich mit anderen. Mehr und mehr setzt sich das Verständnis durch: Es geht nicht um ein Entweder-Oder, nicht um Kontemplation *oder* Aktion. Nicht um Gottvertrauen *oder* Tatkraft. Das Miteinander von Meditation *und* entschlossenem Handeln, Loslassen *und*

Aufstehen, Beschenkt werden *und* Zupacken wird einfach gelebt. An immer neuen Orten. Das Engagement für eine bessere Welt gewinnt an Tatkraft, und die Lust wächst, sich in der Gemeinschaft mit vielen für ein gutes Miteinander einzusetzen. Die folgenden Beispiele zeigen etwas davon.

Peter, 62, *Greenpeace-Aktivist: Es ist noch nicht lange her. Allen ist klar, dass wir uns engagieren müssen, wenn wir den Planeten retten wollen. Diese Aufgabe ist immens, ja, riesig. Manchmal empfinde ich es so riesig und dringlich, was zu tun ist, dass mich das gleichzeitig lähmt. Es sind ja radikale Schritte nötig, allein wenn man auf das Weltklima sieht. Klar: Wir sind viele. Ich selbst bin schon lange bei Greenpeace aktiv. Es gibt ein ganzes Netz von Nachhaltigkeitskämpfern, Biodiversitätsschützerinnen, Klimaaktivisten ... Aber wird das reichen? Wir können den Fragen nicht mehr ausweichen: Wie lange halten wir eine solche Anstrengung durch? Wie viele Menschen lassen sich für diese Radikalität gewinnen? Was ist wirklich zu schaffen und wo überfordern wir uns schlichtweg?*

Das treibt noch mehr Leute um, teils sind sie schon ausgebrannt. Sie konnten irgendwann nicht mehr und haben sich zurückgezogen. Ich persönlich bin zu diesen spirituellen Orten gedriftet. Davon gibt es jetzt einige in meiner Gegend. Ich sage, „gedriftet", denn ich habe sie gar nicht angesteuert. Ich konnte am Anfang damit nie was anfangen. Ich dachte immer, das bringt doch nichts. Jedenfalls nichts für die handfesten Probleme. Das machen die doch nur für ihre Wellness. Mag auf manche ja auch zutreffen. Dann haben mich ein paar Leute mal dorthin mitgenommen. Ich war erst unentschieden. Aber irgendwann kam dieser Aha-Effekt: Da gibt es einen Zusammenhang zwischen Kraft tanken und kämpfen, zwischen Ruhe und Engagement.

Das ging nicht nur mir so. Immer mehr Menschen haben solche Kraftorte genutzt, in denen sie sich wieder aufrichten und neu aufstellen konnten. Um für die eigenen Anliegen einzustehen. Es kamen auch viele dorthin, die sich nicht zu den Aktivisten zählten. Denen waren unsere Aktionen viel zu radikal. Aber sie haben auch einen Weg gesucht, etwas beizutragen für die Zukunftsfähigkeit des Planeten. Ich muss zugeben, es hat mich auch beeindruckt, dass einige gelassener waren, weil sie die eigene Latte nicht so hoch gehängt haben. Aber auch das unterstützt ja unser Gesamtbemühen.

Katrin, 48, *Sozialarbeiterin und Meditationstrainerin: Immer mehr Menschen reden von einer Mitte, die sie suchen und aus der sie leben. Manchmal ist mir das schon zu viel, wie es gebraucht wird. Aber was damit gemeint ist, finde ich wichtig. Es ist ja noch nicht lange her, dass ganz andere Dinge die Schlagzeilen beherrscht haben. Gesellschaftliche Spaltungen, die Schere zwischen Arm und Reich, Kriege und ihre zerstörerische Gewalt. Zum Glück sind die Leute wieder mehr damit befasst, nach dem zu suchen, was sie verbindet.*
„Ich bin in meiner Mitte angekommen", sagen sie und meinen: Ich lebe zentriert, stimmig oder im Einklang mit mir selbst, meinem Typ, meinen Fähigkeiten und Prägungen, meiner sexuellen Orientierung. Manche sprechen von ihrer Berufung, ihrem Potenzial, ihrem Sinn oder ihrem Ikigai. Andere von ihrer Identität. Menschen fühlen sich verbunden mit sich selbst, in sich selbst gegründet, verwurzelt und getragen. Wer in seiner Mitte ist, handelt aus seiner Kraft und kann sich fokussieren auf das, was ihm oder ihr wichtig ist. Und da rutschen die Menschen nicht mehr so leicht ab in Stimmungstiefs, Lethargie oder Depressionen wie früher.

Impulse zur eigenen Vertiefung

Vielleicht haben Sie Lust, selbst auf Spurensuche zu gehen oder mit Freunden und Freundinnen oder in einer Gruppe darüber ins Gespräch zu kommen. Hier finden Sie ein paar Impulse, die dazu anregen:

- Was lösen die Hoffnungsbilder in mir aus? Welche Resonanz entsteht?
- Wonach sehne ich mich selbst?
- Was regt mich an, selbst etwas auszuprobieren? Welche Unterstützung bräuchte ich dafür? Mit wem kann ich meine Idee besprechen – im geschützten Raum und ohne dass die zarten Pflänzchen leiden?

Meine Sehnsucht:

5. Wie Kirchen zu einem guten Miteinander beitragen

Kirchen im gesellschaftlichen Miteinander

Was wir bisher vorausgesetzt haben, nehmen wir in diesem Kapitel noch einmal ausdrücklich auf: Christinnen und Christen, kirchennahe Vereine und christliche Gemeinden, ganze Kirchen haben Anteil an hoffnungsvollen Entwicklungen. Sie haben Anteil am neuen WIR-Bewusstsein und sind vielerorts gefragte Partner und Partnerinnen. Das gilt in zweierlei Richtung, denn Christinnen, Christen und Kirchen als Ganzes tragen ihren Teil bei zu einem guten Miteinander in der Gesellschaft. Gleichzeitig profitieren sie von gesamtgesellschaftlichen Veränderungen: von der neuen Offenheit und Suche nach Spiritualität, von dem Engagement für Vielfalt und Weltverantwortung, vom Drängen auf mehr

Christinnen, Christen und Kirchen als Ganzes tragen ihren Teil bei zu einem guten Miteinander in der Gesellschaft.

Wahrhaftigkeit und Transparenz. Geben und Nehmen greifen ineinander.

Auch hier gilt wieder, dass wir uns auf die Hoffnungsgeschichten konzentrieren, auf das, was wächst und Frucht verheißt. Es ist nicht flächendeckend vorhanden, aber sichtbar und wirksam. Christinnen und Christen, Gemeinden und Vereine haben Anteil an den hoffnungsvollen Entwicklungen. Man hat miteinander zu tun an den Orten, wo Leben stattfindet und wo Humanität gefragt ist, im Supermarkt, Stadtteil-Café, Fitnessclub, in der Obdachlosenhilfe, Krankenpflege, in Bildungseinrichtungen, Business, Politik, Freizeit, Open Air ...

Gabriela, *eine engagierte Frau aus F., erzählt: „Es gab mehrere Vorfälle, die unseren sonst so friedlichen Stadtteil verunsicherten. Eine Messerstecherei auf offener Straße, Schmierereien an Büros von Politikerinnen und Politikern. Wir hatten den Eindruck, wir müssen was tun. So kann es nicht weitergehen. Wir müssen reden ... Schnell war klar: Wir brauchen Menschen, die das gut moderieren können, die verschiedene Positionen achten und gleichzeitig Hass und Hetze nicht dulden, die nicht auf populistische Fallen hereinfallen – egal ob von links oder von rechts – und die für Vielstimmigkeit und Verbundenheit eintreten. Wir hatten das Glück, dass wir Menschen in unserer Kirchengemeinde hatten, denen wir das zugetraut haben. Weil wir bei ihnen mehrere Dinge gesehen haben: Kompetenz und Erfahrung – sie hatten solche Gespräche auch schon an anderer Stelle moderiert –, eine gewisse Unabhängigkeit und Überparteilichkeit und eine Verankerung im christlichen Menschenbild. Eine Pfarrerin war dabei und ein Sozialarbeiter.*
Sie haben also eingeladen zu einem Gespräch. Jede und jeder konnte kommen. Es waren auch tatsächlich viele da, die sich

sonst nie begegnen, geschweige denn miteinander reden. Die Moderation hat das gut gemeistert. Es ist tatsächlich ein Raum entstanden, in dem die verschiedenen Anliegen und Überzeugungen Platz hatten. Von konservativ bis progressiv, heimatverbunden bis global. Ein paar Regeln für das Miteinander wurden am Anfang vorgestellt, kurz besprochen und von den Anwesenden akzeptiert. Es gab zwar öfter Geraune und ein paar Schuldzuweisungen, aber nur an einer Stelle musste die Moderation eingreifen, als sich ein Statement plötzlich in einen Angriff verwandelte. Sie haben durch ihr beherztes Begrenzen das Vertrauen geschützt, das sich im Laufe des Abends langsam aufgebaut hat. Dadurch konnte zur Sprache kommen, was manche schon lange belastet hat im Blick auf den Stadtteil. Von manchen Punkten war bisher öffentlich nie die Rede gewesen. Ängste und Sorgen wurden ausgesprochen, Ärger und Frust. Aber auch das andere wurde sichtbar: was Kommunalpolitikerinnen alles stemmen und leisten und was sich richtig positiv entwickelt hat in den letzten Jahren. Das schafft es ja oft nicht in die Schlagzeilen und war vielen gar nicht bekannt. Einigkeit war nicht das Ziel. Das wäre auch ein bisschen viel erwartet von einem Abend. Aber das Miteinander-Reden ist gelungen. Ein wenig Verständnis ist gewachsen für die anderen. Und der Wunsch, solche Gespräche wieder zu führen, um beides besser zu sehen, die Vielstimmigkeit und das Gemeinsame, und um unter uns Vertrauen zu bilden. Dann finden wir vielleicht auch für die konkreten Konflikte bessere Optionen, mal sehen. Ich fühle mich jedenfalls seitdem wieder wohler im Stadtteil.“

In all den Veränderungs- und Transformationsprozessen wird wieder klarer: Kirchen stehen für die Ausrichtung auf eine höhere Kraft, auf Gott – einschließlich allen Ringens, Suchens, Findens, neuen Suchens. Es wird nach innen klarer, in Gremien und Entscheidungsprozessen wird es ausdrücklicher zum Thema gemacht und selbstverständlicher einbezogen und es wird nach außen klarer, in die Gesellschaft hinein.

Vielleicht denken jetzt manche, das wäre zu schön, um wahr zu sein und erleben oft das Gegenteil davon. Natürlich gibt es immer auch das, was im Gleichnis vom vierfachen Ackerfeld der unfruchtbare Boden ist (vgl. Intro), auch in den Kirchen. Wir richten unseren Blick jedoch auf den fruchtbaren Boden. Auf die aufkeimenden Möglichkeiten und Potenziale, auch wenn manches davon noch verborgen ist. Denn auch wenn nicht flächendeckend fruchtbares Land verheißen ist, wird es ausreichend sein. Deshalb lassen wir uns den Blick für das Gute und Fruchtbare nicht verstellen. Kirchen stehen für das größere Geheimnis, aus dem wir leben. Für Liebe, Vertrauen, Hoffnung, Mut, Versöhnung, Frieden als Kraftquellen, auf die wir uns ausrichten, die wir aber nicht machen und auch nicht online oder im Kiezladen kaufen können. Nicht mit unserem Geld, nicht mit unserer Macht, nicht mit unserer Klugheit, nicht mit unserer Rechtschaffenheit oder Moral. Kirchen stehen dafür, dass wir Menschen nicht Gott sind.

Kirchen stehen dafür, dass wir Menschen nicht Gott sind.

Verbunden mit der Ausrichtung auf die Quellen wächst eine gesunde Bescheidenheit und Entschiedenheit: Wir tun, was wir können. Nicht mehr und nicht weniger. Die großen Forderungen sind leiser geworden. Statt „Wir müssen das Klima retten ... und jeden Euro in die Wärmedämmung stecken" heißt es jetzt: „Wir tun das, was wir können." Mit den Kräften, die wir haben, und mit Augenmaß. Mehr und mehr Menschen merken: Mit Weltrettungsansprüchen überheben wir uns. Was wir aber tun, tun wir entschieden. Und vertrauen uns dabei Gott an: als der großen Kraft des Lebens, als Rettung, als Friedensmut.

Kirchen stehen für die Ausrichtung auf die Lebensquellen. Und sie stehen für die Menschlichkeit der Menschen. Die neue Wertschätzung den Quellen gegenüber stärkt das Positive. Sie fördert eine Kultur, in der die Potenziale wichtig sind. Für manche ist das längst selbstverständlich. Andere sind auf anderen Pfaden unterwegs und mühen sich damit ab, dass sie für machbar halten, was sich nur entwickeln kann. Sie sind mit 1.000 Details beschäftigt, statt an Rahmenbedingungen zu arbeiten, die mehr Freiheit und Unterstützung ermöglichen. Andere ringen immer noch mit einem pessimistischen, niederdrückenden Menschenbild, das sie mit Kirche und Christentum verbinden. Nicht die erlösende Kraft, nicht die Aufrichtung, nicht die Freiheit kommen emotional an, sondern das, was klein macht und nicht viel wert sein lässt. Eine Frau Mitte 20 sagt: „Ich dachte, das hätte ich längst abgelegt. Ich bin ausgetreten. Habe Distanz gehalten. Dann bin ich mit meinem Freund an Weihnachten in die Kirche gegangen. Und schon wieder war das schlechte Gewissen da."

Das nimmt zum Glück ab. Denn immer mehr Menschen richten sich auf die Möglichkeiten aus, auch bei denen, die die Strukturen verantworten. Weil das Geheimnis des Lebens sich in jedem Menschen anders verwirklicht. Verborgene Potenziale ans Licht bringen und dafür Rahmenbedingungen schaffen, korrespondiert mit einer Entwicklung in der Arbeitswelt im Geist von „New Work". Dort ist eine Erkenntnis, dass viel zu häufig Misstrauen gegenüber Menschen regiert. Mitarbeiter/-

innen werden verdächtigt, zu wenig zu leisten, nicht motiviert zu sein etc. Und die Regularien, die das eindämmen sollen, wachsen und wachsen und wachsen. Manche entscheiden sich einfach, neu anzusetzen, Menschen grundsätzlich mit Vertrauen zu begegnen, ihnen zuzutrauen, dass sie motiviert sind und dass sie ihr Bestes geben und kompetent sind.

Dazu gibt es eine interessante Beobachtung aus der internationalen Literatur sowohl aus dem Bereich Spiritualität als auch aus dem Change-Management: In beiden Bereichen ist „Connectedness" ein Schlüsselbegriff. Verbundensein ist wichtig bei Change-Prozessen. Und Verbundenheit ist wichtig auf dem spirituellen Weg. Dazu können Christinnen und Christen etwas Substanzielles beitragen. Die Quellen, denen wir uns verdanken, ermöglichen ja genau diese Verbundenheit. Auch dort, wo Menschen verschiedene Überzeugungen haben und verschiedene gesellschaftliche und politische Ideen und Lösungen vertreten. Die Ausrichtung auf die Quelle des Lebens und das gute Miteinander stiftet Gemeinschaft: in Kirchengebäuden, Gemeinde- und Tagungshäusern oder Online-Treffen. Dafür stehen die Kirchen mehr und mehr.

Diese Ausrichtung hat wie von selbst zu vielfältigen Kooperationen zwischen Menschen, Initiativen und gesellschaftlichen Kräften, die Ähnliches suchen, geführt. Es gibt vielfältige Herzpartnerschaften zwischen Menschen, Initiativen, Vereinen, Gruppierungen, die nach Frieden streben. Ein Beispiel sind die vielfältigen Verbindungen zwischen denen, die den Atem als Anker der Seele schätzen. Im Yoga ist dies selbstverständlich. In Meditationspraktiken auch. In der Psychotherapie ist es wichtig. Und in den Kirchen. In der Kehle wohnt die Seele. Im hebräischen Wort *Näfäsch* ist beides miteinander verbunden. Und zum jüdisch-christlichen Menschenverständnis gehört: Gott haucht der Erdskulptur den Lebensatem ein und daraus wird ein Mensch mit Seele, eine Person (Genesis 2,7).

> **Es geht nicht darum, die Wirklichkeit an das Ideal anzupassen, sondern darum, sich der Liebe Gottes auszusetzen und wahrhaftig und tatkräftig zu werden.**

Was Kirchen zu geben haben, stellen sie wieder selbstbewusster in den Mittelpunkt. Sie haben aufgehört, die negativen Zuschreibungen von außen zu ihren Selbstbildern zu machen. Mit der Aufmerksamkeit für eigene Abgründe wächst auch das Bewusstsein für das andere: woraus die Kirchen leben. Was sie zu geben haben. Wofür Menschen seit Generationen dankbar sind. Und dieses neue, gesunde Selbstbewusstsein – oder sollen wir sagen Gottesbewusstsein? – wird gesellschaftlich geschätzt.

Geben und Nehmen gehören zusammen. Christinnen und Christen engagieren sich und werden selbst beschenkt. Ein Beispiel, von denen es unzählige gibt:

Uschi, 49, *wechselt von einem Büro in das andere unterwegs durch die Fußgängerzone der Stadt. Den zweiten Teil dieses Tages verbringt sie in der Beratungsstelle. Als Citydiakonin hat sie viele Wirkungsorte, diese Vielseitigkeit liegt ihr. Aber in dieser Woche ist ihre Kraft bereits aufgebraucht. Sie passiert den Hauptplatz, wo gerade die Essensausgabe der Diakoniestation stattfindet. Da löst sich Frau E. aus der Schlange mit ihrem Mittagessen in der Hand. Nelly, ihre Hündin, hat Uschi als Erstes entdeckt und strebt auf sie zu, ihr Frauchen im Schlepptau. Sie begrüßen einander wie schon öfter um diese Zeit vor der Johanneskirche. Uschi folgt ihr auf die Stufen der Kirche. Schön, eine willkommene Pause in der noch warmen Herbstsonne. Nelly lässt sich sichtlich gut gelaunt neben den beiden nieder. Wie es ihr geht, fragt Uschi. „Ach, das Übliche", entgegnet Frau E. kurz und erzählt dann ausführlich von ihrer Hündin und ihrer Erkrankung, die ihr seit einer Weile Sorgen macht. „Sie hat ganz schön Gewicht verloren. Zum Glück geht es jetzt besser. Sie frisst auch wieder wie früher, aber ich bin mir nicht sicher, ob es ganz vorbei ist." Uschi kann mitfühlen. Sie kennt diese Art Sorgen von ihrem eigenen Hund, der auch schon mal aus unerfindlichen Gründen aufhörte zu fressen. Irgendwie tut es ihr gut, den Blick von den eigenen Problemen abzuwenden und sich auf Frau E. einzulassen. Ab und an ernten die beiden Frauen einen wohlwollenden Blick von Nelly, als wollte sie sagen: Ja, sorgt euch nur um mich, ich genieße das! „Und wie geht es Ihnen?" Frau E. schaut Uschi interessiert an. Uschi kennt das von ihr, diesen offenen Blick, der ausstrahlt: Ich will es wirklich wissen. (Sie hatte stets freundlich, aber etwas zurückhaltend geantwortet.) Heute ist es anders. Sie erzählt einfach, vom vollen Schreibtisch und dem Zeitdruck, den ihr die aktuellen Projekte machen. „Dabei bin ich auch in meiner Familie so gefordert, mit unseren Zwillingen. Für die bräuchte ich gerade jetzt viel mehr Zeit. Ich weiß nicht, wie ich hinterherkommen soll." Frau E. ist ganz Ohr, löffelt ihren Eintopf, folgt Uschis Erzählen nachdenklich, dann unterbricht sie: „Sie haben ja gar nichts zu essen. Holen Sie sich doch auch etwas!" Uschi stockt und wehrt ab. Das Essen der Diakoniestation sei doch nicht für sie gedacht, sie will es denen, die es nötiger brauchen, nicht wegessen. Frau E. will das nicht gelten lassen und protestiert: „Aber Sie brauchen doch auch etwas!" Dieser Einwand trifft Uschi, er geht eine Schicht tiefer. Er berührt sie auf eine Weise, die ihr fast die Tränen aufsteigen lässt. Im Grunde stimmt das ja. Auch sie braucht etwas. Hat das Frau E. gesehen, gespürt? Auch sie selbst braucht Stärkung. Uschi nickt, atmet tief durch und stellt sich in die Schlange der Essensausgabe. Der Eintopf war tatsächlich schon leer geschöpft, aber sie kommt mit dem Nachtisch zurück. Frau E. ist's zufrieden und sie setzen ihr Gespräch noch eine Weile fort, während sie sich gemeinsam ihre Bananen schmecken lassen. Am Abend auf der Rückfahrt in der Straßenbahn kommt Uschi dieser Moment noch einmal in den Sinn. Wie gut er tat, dieser Protest von Frau E. „Aber Sie brauchen doch auch etwas!" Es kommt ihr vor, als hörte sie darin eine fürsorgliche Stimme, die Gott ihr schenkte. Auch das friedliche entspannte Gefühl, das sie erfüllte, als sie beide mit den Bananen in der Hand auf den Treppenstufen saßen, klingt immer noch in ihr nach.*

Woher kommt die Kraft?

Das Engagement von Christinnen und Christen wird geschätzt, zum Beispiel im Gesundheitswesen: Die Kosten sind so sehr gestiegen, dass der Trend nicht aufzuhalten ist, Leistungen auszugliedern. Zuzahlungen werden die Regel. Mit dieser Entwicklung geht einher, dass immer mehr Menschen nach günstigeren Behandlungslösungen suchen. Und bewusster auf ihre Gesundheit und Balance achten. Ob im Internet oder in Präsenz, Physiotherapie und Entspannungskurse, Kurse zur Work-Life-Balance, persönliches Coaching, Waldbaden und Bewegung mit virtueller Unterstützung sind im Trend. Die Sehnsucht nach Entschleunigung ist groß. Der Wunsch, dem Hamsterrad zu entkommen und in einer guten Balance mit sich selbst und den Anforderungen von Familie, Beruf und Freizeit zu leben, ist eine wichtige Triebkraft. Das wird von vielen Anbietern adressiert. Ob Depressionen, Erschöpfungsdiagnosen oder Burnout-Symptomatiken, Behandelnde und Betroffene haben das Spektrum der Umgangsformen und Prophylaxe-Möglichkeiten wesentlich erweitert.

Hier sind christlich geprägte Ansätze gefragt. Sie bringen durch den Horizont des Glaubens eine befreiende Perspektive auf das menschliche Leben ein zum Beispiel Entlastung, wenn die Ideale überfordern und die Appelle erdrücken. Aufrichtung, Lebensmut und Trost sind Kräfte, die der Gesundung dienen. Menschen im Gesundheitswesen beziehen die spirituellen Quellen mehr und mehr ein und entdecken, wie die christliche Glaubensperspektive zur echten Kraft werden kann.

Doch nicht nur im *Gesundheitswesen* ist die christliche Perspektive gefragt. Verantwortliche in Politik und Öffentlichkeit, Engagierte für eine bessere Welt in Non-Profit-Organisationen und Führungsleute in Unternehmen finden zu neuer Kraft für ihren Einsatz. In Fachtagungen, Klausuren oder durch Menschen an ihrer Seite im täglichen Betrieb profitieren sie auch von einer christlich geprägten Freiheit, die sie durch- und aufatmen lässt. Die ihnen hilft, Themen und Aktionen neu zu gewichten, Unnötiges zu lassen und inspiriert zu wirksamen Schritten zu kommen. Die meisten Teams sind froh, wenn sie Menschen mit christlicher Einstellung zur Mitarbeit gewinnen können. Sie schätzen ihre Klarheit und Widerstandskraft, wenn etwas ihren Überzeugungen widerspricht. Kirchliche Einrichtungen und erkennbar christliche Beratungsangebote werden gezielt angefragt, wenn es um Menschenwürde und eine menschenfreundliche Umgangskultur in der Zusammenarbeit geht. „New Work“ bezieht christliche Werte bewusst ein. Die Unterscheidung, die *Dietrich Bonhoeffer* so wichtig war, hilft: Das Letzte, Letztgültige, Letztendliche steht nicht in unserer Hand. Dafür steht Gott ein. Wir überschauen nicht alles. Unser Tun und Lassen ist Vorletztes. Immer nach bestem Wissen und Gewissen. Diese Unterscheidung lässt Freiheit entstehen. Und lenkt den Blick auf das, was neben der Agenda auch noch wichtig ist. TOP's, Ziele und Anliegen haben ihre Bedeutung, bestimmen aber nicht alles.

Christlich geprägte Sozialunternehmen haben neu angefangen, „das Christliche" als Kraftquelle nach innen und Mehrwert nach außen zu entdecken und Stellen für „christliches Unternehmensprofil" zu schaffen. Führungsklausuren stehen unter dem Motto: Was ist das positiv Christliche in unserem Unternehmen – angesichts der Negativbilder, die über die Kirche noch existieren? Solche Fragen machen neugierig: diejenigen, die christlich sozialisiert sind, genauso wie die, die die Kirchen verlassen haben, nie dazugehörten oder einer anderen Religion angehören. Die Werte des Unternehmens wollen sie unterstützen, auch wenn sie selbst nicht oder anders glauben. Deshalb haben sie sich für diesen Arbeitgeber entschieden und für diese Unternehmenskultur. Sie engagieren sich gerne, wenn es darum geht, wie Werte die Kultur weiter verbessern können, wie das Miteinander gut bleiben oder besser werden kann. Es ist ihr eigenes Interesse, dass christliche Werte nicht nur auf dem Papier stehen: Kultur verändern funktioniert nicht über Anweisungen, Vorschriften oder Verordnungen. Kultur verändern geht nur im Miteinander. Das gelingt, wenn Verantwortliche aus verschiedenen Bereichen einbezogen und beteiligt werden: Pflegedienstleitung und Chefärzte, Vertreter/-innen der verschiedenen Therapierichtungen und Ausbildungsstätten ... Kultur verändern und ein gutes Miteinander pflegen gelingt, wenn Vertrauen entsteht. Wenn Mitarbeiter/-innen sagen können, was sie schaffen und was nicht, was sie geben können – manchmal auch bis an die Grenzen – und was einfach nicht zu schaffen ist.

Was fehlt uns, wenn Gott fehlt?

Ein Physiotherapeut, *Anfang 30, bezeichnet sich selbst als neugierigen Skeptiker und erzählt, was ihn in einer Runde in der Werte-AG des christlichen Krankenhauses besonders beeindruckt hat. Jemand hatte relativ unvermittelt die Frage gestellt: Was fehlt uns, wenn Gott fehlt? Er dachte: Huch. Was soll das denn jetzt? Reichen die Werte denn nicht aus? Er erzählt, dass er selber nicht viel dazu beitragen konnte, aber er staunte, was da alles zusammenkam: „Die Liebe fehlt", sagte jemand. „Jedenfalls, wenn ich sie als Kraftquelle verstehe. Und nicht nur als etwas, was ich tun muss." Die Runde ging weiter, erzählt er und nennt ein paar Beiträge, die ihm in Erinnerung geblieben sind: „Dass ich das Gute in meinen Patienten sehen kann." „Dass ich mich selber nicht so wichtig nehme." „Dass ich Abstand gewinnen kann, wenn mich was aufregt. Dann gehe ich manchmal nur fünf Minuten in die Kapelle." Am meisten habe ihn beeindruckt, sagt er, wie relevant das alles sei. Dass das etwas mit Gott zu tun haben könnte, darüber habe er vorher nie nachgedacht.*

Verbunden und vielstimmig: Demokratiestärkung und christlicher Glaube

Die Frage, wie die Demokratie geschützt und gestärkt werden kann, hat im Bewusstsein und Engagement der Gesellschaft an Bedeutung gewonnen. Nicht nur die Stimmen am gesellschaftlichen Rand sind laut, auch die Mehrheit in der Mitte hat ihre Stimme erhoben. Menschen aus den christlichen Kirchen haben Seite an Seite mit jüdischen und muslimischen Gläubigen, mit Menschen verschiedener Überzeugungen und Weltanschauungen demonstriert, Verantwortung übernommen und ihre demokratische Haltung gezeigt. Massenbewegungen haben den Mut dazu angestachelt, sich zu zeigen und zu positionieren und die demokratischen Institutionen zu stärken. Diese energetische Antwort auf zu viel Menschenverachtung musste spürbar und sichtbar werden. Für einen selbst und für andere. Jemand sagt: „Zusammengehörigkeit wurde für mich wieder eine Erfahrung. Verbunden sein. Kraft tanken. ‚Leib Christi, ein Leib, viele Glieder' hat für mich eine neue Füllung bekommen."

Vieles hat dabei zusammengewirkt, dass Haltungen der Vielen spürbar und sichtbar wurden. Und es hat dazu geführt, dass demokratiegefährdendes Verhalten klarer benannt und von den Organen des Rechtsstaates konsequenter verfolgt wird. Gleichzeitig ist die Aufmerksamkeit gewachsen, wie Meinungen gebildet werden. Bürgerinnen und Bürger gestalten aktiv mit. Gewählte Entscheiderinnen und Entscheider achten darauf. Das Vertrauen in gewählte Repräsentantinnen und Repräsentanten wächst in dem Maß, wie sie sichtbar Verantwortung für die Schaffung guter Rahmenbedingungen übernehmen.

In den Auseinandersetzungen ist neu bewusst geworden, wie sehr der demokratische Staat und die soziale Marktwirtschaft mit den christlichen Werten verwoben sind und daher auch von dort geschützt und gestützt werden können. Auch dass christliche Werte nicht deshalb schwach sind, weil sie von manchen Menschen in den Kirchen verraten und missbraucht wurden. Ihre Stärke wird mehr und mehr entdeckt und geschätzt und sie trägt dazu bei, dass auch die Kirchen selbst sich wandeln.

Vielen ist klar geworden, dass Themen wie gerechte Teilhabe, Verantwortung des Kapitals und der Leistungsträger für das Gemeinwohl, Entmachtung von Autokraten, Freiheit, Gewaltenteilung oder Schutz der Benachteiligten gelebt und energetisch vertreten werden müssen, wenn sie eine Zukunft haben sollen. Wie werden Werte zu Überzeugungen? Wie gewinnen sie Kraft im Miteinander des Alltags, wo Menschen sich begegnen?

Ein energetischer Umgang bezieht Herz *und* Verstand ein und wirkt sich unmittelbar im Alltag aus. Die ganzheitliche Sicht des Menschen in der christlichen Theologie gibt hier wichtige Beiträge, nicht nur in der Theorie, sondern auch für den praktischen Umgang. Es gibt mehr und mehr Angebote, in denen das eingeübt wird: Wie bin ich präsent? Wie können Gruppen die Kraft ihrer Überzeugung konstruktiv für die Gesellschaft zur Verfügung stellen? Christinnen und Christen und Menschen mit anderen Überzeugungen und Anschauungen arbeiten selbstverständlich zusammen. Auch das ist ein Zeichen. Und eine Kraft. Verbundenheit ist möglich, auch wo es im Detail unterschiedliche Ideen und konträre Lösungsvorschläge gibt. Vielstimmig und verschieden sein ist mitunter anstrengend. Es ist aber auch ein Geschenk und eine Bereicherung, wenn die Menschen spüren, wie verbunden sie in der gemeinsamen Ausrichtung sind.

Kirchen haben Übung im Miteinander unterschiedlicher Strömungen, theologischer Lager und Glaubensprägungen und in ökumenischer Zusammenarbeit. Das war nur eine Zeit lang in den Hintergrund getreten. In der Öffentlichkeit und in Synoden der evangelischen Kirchen haben linke und grüne Themen und Überzeugungen dominiert. Konservative Christinnen und Christen sahen sich immer weniger repräsentiert. Das ändert sich. Weil mehr und mehr klar wird, dass wir die Breite der Überzeugungen brauchen, um zu guten und nachhaltigen Lösungen zu kommen. Und dass sich manches eingeschlichen hatte, was nicht gut war: andere Meinungen

„Demokratie bedarf eines hörenden Herzens, sonst funktioniert sie nicht." (Hartmut Rosa")

und Positionen einfach übersehen oder aktiv unterdrücken. Menschen, die etwas anderes wollen, marginalisieren etc., das wollen mehr und mehr Menschen nicht mehr. Und sie haben angefangen, einen anderen Umgang miteinander zu kultivieren, erst im Kleinen, dann auch im Großen. Dass die Kirchen ihre Vielfalt wiederfinden und in ein konstruktives Miteinander bringen, wird von vielen in der Gesellschaft geachtet. Geschätzt wird, wo die Kirchen zusammenarbeiten, römisch-katholische Kirche und evangelische Kirchen, Landeskirchen und Freikirchen, Basisinitiativen und Leitungsgremien der Institutionen.

„Demokratie bedarf eines hörenden Herzens, sonst funktioniert sie nicht", stellt *Hartmut Rosa* als Soziologe fest (Rosa, Demokratie braucht Religion, 55). In das hörende Herz üben sich Kirchen selbst neu ein und unterstützen es nach Kräften in der Gesellschaft.

Mensch sein, Digitalisierung und KI

Nicht nur Christinnen und Christen stehen für die Menschlichkeit des Menschen, aber auch sie. Wer die Welt wichtig nimmt, aber nicht als letztgültig ansieht, kann Augenmaß kultivieren und ein Gespür für Verhältnismäßigkeit ausbilden. In der christlichen Tradition ist dazu Hilfreiches zu finden. Und Christinnen und Christen bringen es selbstbewusst in die gesellschaftlichen Diskussionen ein.

Natürlich haben Digitalisierung und Künstliche Intelligenz (KI) ihre eigene Faszination und Dynamik. Und die Ängste, dass etwas aus dem Ruder laufen könnte, werden nicht kleiner. Aber die Wachsamkeit wächst und das Bewusstsein für das, was Digitalisierung und KI können und was nicht. Ein Beispiel:

Wir können rund um die Uhr abrufen, was weltweit an Wissen zur Verfügung steht. Digital verbunden sein geht (fast) immer und überall. Das ist das Eine. Und das Andere wird genauso geschätzt, nämlich sich von der Sonne bescheinen lassen, das Gras spüren, in dem ich liege, einen Menschen umarmen, Weintrauben schmecken ...

Wer in Zukunft zurückschauen wird, wird ein bisschen schmunzeln, wie viel von der Digitalisierung erwartet wurde. In den Kirchen, in der Bildung, bei Vereinen. Menschen fragen: Was tut uns gut und was strengt uns an? Was brauchen wir digital und was präsentisch? Und warum treffen wir uns überhaupt?

Manche fragen weiter: Was bedeutet das Digitale eigentlich für spirituelle oder religiöse Erfahrungen? Wie können Erfahrungen mit der unsichtbaren Welt digital unterstützt werden? Wofür muss ich nicht nur sehen, sondern auch schmecken, fühlen, laufen, berühren? Fragen wie diese halten die Neugier offen. Man muss sie diskutieren. Und gleichzeitig sind wir schon mittendrin.

Nina, 58, *gesellschaftlich engagiert und spirituell neugierig: „Das ist ja Wahnsinn, was mit der Künstlichen Intelligenz (KI) alles gelöst werden soll. KI für alle Probleme der Welt. Manche sind immer mehr fasziniert: Menschen unsterblich machen. Die KI als kluge Macht, klüger als Menschen. Andere halten das für Horror-Vorstellungen ... Ich bin mehr auf der pragmatischen Seite. KI ist in vielen Lebensbereichen selbstverständlich geworden. In der Medizin, in der Pflege, in der Energiegewinnung, in der Lenkung von Verkehrsströmen, aber klar ist auch, dass sie dem Leben dienen muss. Den Menschen und Tieren. Dem Planeten. Dass das mehr in den Mittelpunkt rückt, ist ein großer Gewinn, und es bietet Orientierung.*

Ich bin all den Menschen dankbar, die zu diesem Bewusstseinswandel beitragen. Die für die Würde des Menschen eintreten. Die betonen, dass sich das Leben einer liebevollen Schöpferkraft verdankt. Die helfen, das Bewusstsein für den Unterschied zwischen Geschöpfen und Schöpfer zu schärfen. Und die sich mit den anderen vernetzen, die in ähnlichen Haltungen unterwegs und engagiert sind. Ich habe den Eindruck, dass sich darin eine größere Kraft verkörpert, in dem Miteinander und der Energie, die davon ausgeht.

Faktencheck

Wir hören immer wieder: Seht ihr das nicht viel zu positiv? Ist die Kirche nicht in einem viel schlechteren Zustand?

Natürlich ist manches schlecht und liegt im Argen. Manches wandelt sich aber auch gerade. Und anderes ist einfach gut. Nicht erst jetzt, sondern schon sehr lange. Und sehr viele Menschen profitieren davon, innerhalb der Kirchen genauso wie in der Gesellschaft. Wir sind überzeugt, dass es uns nicht guttut, uns die gesellschaftlichen Zuschreibungen von denen, die schon lange etwas gegen Kirchen haben, zu eigen zu machen, und haben uns entschieden, hier noch ein paar Zahlen zu nennen: Es gibt so viele Potenziale, sichtbare und unsichtbare, gehobene und versteckte. Und mag ein Teil der Akteurinnen und Akteure auch mutlos geworden sein und erschöpft, darf uns das den Blick nicht verstellen für das, was da ist. Lesen Sie die folgenden Zahlen einfach mal mit der „Potenzial-Brille". Oder mit der Frage, welches zweite Bild von all diesen Menschen entstehen kann, nachdem jemand zu ihnen sagt: „Du bist sehr wertvoll." (Vgl. den ersten Teil von Kapitel 4.)

Zur Evangelischen Kirche in Deutschland gehören 19,2 Millionen Mitglieder (Stand Ende 2022). 935.000 Menschen arbeiten ehrenamtlich mit, 237.000 hauptamtlich, darunter 20.000 Theologinnen und Theologen (vgl. www.ekd.de/statistik/, eingesehen am 14.3.2024). Dazu kommen Freikirchen, andere christliche Gemeinschaften, orthodoxe Kirchen und natürlich die Römisch-Katholische Kirche mit ähnlichen Zahlen wie die Evangelische (vgl. www.dbk.de/kirche-in-zahlen/kirchliche-statistik/, eingesehen am 14.3.2024). In der Diakonie arbeiten in Deutschland 627.000 Menschen hauptamtlich mit. Dazu kommen ca. 700.000 freiwillig Engagierte. (https://www.diakonie.de/informieren/infothek/2023/september/, eingesehen am 14.3.2024). Bei der Caritas sind es knapp 700.000 hauptamtlich Tätige und mehrere 100.000 freiwillig Engagierte. Natürlich sind die Engagierten nicht alle Kirchenmitglieder, aber sie unterstützen die Ausrichtung und die Werte der jeweiligen Einrichtung. Dazu kommen noch Christinnen und Christen, die in keiner Statistik als Engagierte erfasst werden, die sich aber in ihrem Beruf, ihrer Familie, in gesellschaftlichen Fragen mit ihren christlichen Wurzeln und Werten einbringen. Lassen Sie es am Ende vier oder fünf Millionen Engagierte sein: Das ist sehr, sehr viel Power, Engagement, Sorgearbeit, Eintreten für Werte und dafür, den Himmel nicht zu vergessen.

Dazu kommen Millionen Menschen aus anderen Religionsgemeinschaften, vor allem Jüdinnen und Juden, Musliminnen und Muslime, die sich auf ihre Weise für Mitmenschlichkeit und Ausrichtung auf Gott einsetzen. Und Millionen humanistisch eingestellter Menschen, die lebensfördernde Werte unterstützen und fördern.

Dieser Überblick in Zahlen wird durch vieles bebildert, was wir im Alltag erleben können, und was wir teilweise auch in diesem Buch beschrieben haben. Am Ende dieses Kapitels tauchen wir noch einmal in eine konkrete Erfahrung ein und formulieren schließlich zehn Hilfen, um die Hoffnung zu behalten.

Time-out in der Pflege

In einem Seniorenheim hat eine Stationsleitung ein „Time-out" eingeführt. Seit zwei Jahren treffen sich alle Pflegekräfte vom Stationsteam einmal in der Woche für 30 Minuten nach der Übergabe zu einer Auszeit für das Herz. Vom Herzen her reden und mit dem Herzen hören, ist das Motto. Die Zeit ist gedacht für das, was sonst nicht ausgetauscht wird in der Betriebsamkeit. Die Stationsleitung hat die Idee aus einem Klausur-Wochenende für die Führungsebene des Hauses mitgebracht. Sie hatte es dort erlebt und war angefixt. Warum sollte das nicht auch im Stationsalltag klappen? So hat sie es ausprobiert und ihrem Team vorgeschlagen. Sie erzählt: „Wir wollen die Möglichkeit geben, sich besser kennenzulernen und mal miteinander durchzuatmen. Das ist anders als eine Mittags- oder Zigarettenpause. Wir besprechen Fragen wie: Was hat in der letzten Woche mein Herz berührt? Was hilft mir in Stresssituationen? Wie sammle ich Kraft? Wichtig ist, dass hinterher nichts vereinbart wird, was man machen soll. Es ist zweckfreie Zeit auch ohne Zwang, etwas sagen zu müssen. Manche sind lange nur einfach dabei und hören zu, zum Beispiel Sadi. Ich habe mich gefragt, ob er sich nicht traut, weil wir ein christlicher Träger sind und er ein Muslim." Aber ihre Sorge war unbegründet. Bei einem Treffen erzählte eine Pflegekraft, wie ihr der Tod einer Bewohnerin zu Herzen geht und dass sie in die Kapelle geht, für sie betet und eine Kerze entzündet, so wie sie es bei ihrer verstorbenen Mutter gemacht hat. Auf einmal meldet Sadi sich zu Wort: „Ich habe ja keine Eltern mehr, sie sind leider beide kurz hintereinander verstorben. Das ist nun schon vier Jahre her. Aber hier auf Station finde ich immer wieder Bewohner, die erinnern mich an sie. Da muss ich denken: Dieser Herr ist wie mein Papa, der konnte auch so energisch sein. Auch bei den Bewohnerinnen: Die eine guckt so wie meine Mama, wenn ihr etwas nicht passte. Da muss ich lachen, wenn sie dieses Gesicht macht. Die andere genießt die Vogelstimmen so sehr, auch das kenne ich von meiner Mutter früher. Das ist schön. Ich bin gerne bei den alten Leuten, auch wenn sie es einem manchmal schwer machen. Aber wenn sie mich an meine Eltern denken lassen, macht mir das das Herz warm. Das ist gut für mich und ich freue mich, dass ich ihnen etwas Gutes tun kann."

Die Zusammenarbeit hat auch vor den Time-outs gut funktioniert, die Anforderungen sind dieselben geblieben, Konflikte gibt es weiterhin und doch fühlen sich die einzelnen jetzt noch auf eine tiefere Weise miteinander verbunden. Das erleichtert den Umgang miteinander und hat die Atmosphäre auf Station verbessert. Äußerlich ist das darin spürbar, dass neues Personal leichter gewonnen werden kann und nach Ende einer Schicht Einzelne in Grüppchen im Flur zusammenstehen, bevor sie die Arbeit verlassen. Sie schätzen, wie sie einander unterstützen und was sie einander zu geben haben.

Auch die Stationsleitung wird einmal von einer jungen Mitarbeiterin nach Dienstschluss aufgehalten. „Es ist toll, dass Sie diese Time-outs eingeführt haben. Ich habe bei Sadi in der Schicht gearbeitet noch in meiner Ausbildung. Ich war beeindruckt, wie geduldig er war, auch wenn die Leute ihn übelst beschimpft haben. Ist ja normal bei Demenzpatienten. Aber er hat sie dann angelächelt oder so liebevoll aufgemuntert. Ich habe mich immer gefragt, wie er das macht. Bis er einmal im „Time out" von seiner Geschichte mit den Eltern erzählt hat. Wow, das hat mir einiges erklärt, woher diese Wärme kommt. Meine Oma ist noch nicht so alt, aber vielleicht kann ich das auch mal so machen."

Ich feiere das, was gelingt. Mit einer Runde durch den Garten, einem Lied, einem Stück Schokolade oder einem lustvoll zubereiteten Menü, mit einer Umarmung oder einem Blumenstrauß.

Ich suche bewusst nach dem, was ermutigt und aufbaut. In Newslettern, Nachrichten und Zeitungen. Ich nehme auch das andere wahr, begrenze aber die Nachrichten, die auf mich einströmen. Zum Beispiel auf ein Abrufen einmal am Tag. Ich lasse mich nicht vom Negativen vereinnahmen und suche nach einer guten Balance, die mich mit meiner Kraft verbunden sein lässt.

Ich verkörpere ganz bewusst Hoffnung: Ich lasse meinen Körper Hoffnung ausdrücken, nehme mir ein paar Minuten und frage mich: Was ist stimmig? Wie findet die Hoffnung heute im mir eine konkrete Gestalt? Ich probiere aus, experimentiere, finde das, was für den Moment passt, verweile darin und erkunde ein bisschen: Was nehme ich wahr? Was spüre ich (im Sinne des englischen Sensing, nicht einer romantischen Gefühligkeit)? Was spüre ich in welchen Regionen des Körpers?

Ich suche bewusst die Gemeinschaft mit Menschen, die Hoffnung ausstrahlen. Oder auch nach ihr suchen. Menschen, die auch Schmerzliches aushalten, aber nicht dabei stehenbleiben, die im Zweifel auch mal für mich mithoffen und ich für sie.

Ich rechne damit, dass mich die Hoffnung findet. Dass sie größer ist als ich und als andere. Dass göttliche Kraft in ihr steckt. Ich kann mich dafür öffnen. Ich kann mich ausstrecken nach ihr. Aber ich kann sie nicht erzeugen. Ich halte meine Sinne offen dafür, dass sie mich findet. Meiner Hoffnungssehnsucht gebe ich eine Stimme und bitte Gott als Kraftquelle um das, was ich brauche.

Ich suche nach Orten, die Hoffnung stärken, von denen Lebendigkeit ausgeht, manchmal auch Widerstandskraft, Lust am Leben. In der Natur, in der Weite der Ebene oder am Bach, an dem Baum, der Stärke gibt, in besonderen Kirchen oder in meinem Lieblingscafé.

Ich entscheide mich immer wieder bewusst für die Hoffnung. Manchmal ist es nach wenigen Tagen schon wieder nötig, manchmal nach Wochen.

Ich kann mich für die Hoffnung entscheiden, wenn es kein Zwang ist, wenn auch das andere sein darf: die Zweifel, die Skepsis. Ich mache mir bewusst, dass alles da sein darf in der Gegenwart, in Gottes Gegenwart, in dem Ich-bin-da-Gott, in seiner Liebe. Ich kann sortieren und mir Zeit geben.

Ich übe mich in der Hoffnung. Das heißt, dass ich mir bestimmte Zeiten reserviere, um das zu tun, was in den Punkten 1–8 beschreiben ist.

Und schließlich: Ich bin barmherzig mit mir. Gott ist es ja auch.

Was hilft mir, die Hoffnung zu behalten?

6. Wege in die Zukunft: Impulse, Ideen, Tools

„Geht hinaus in euren Tag ohne vorgefasste Ideen, ohne die Erwartung von Müdigkeit, ohne Plan von Gott, ohne Bescheidwissen über ihn, ohne Enthusiasmus, ohne Bibliothek – geht so auf die Begegnung mit ihm zu. Brecht auf ohne Landkarte – und wisst, dass Gott unterwegs zu finden ist und nicht erst am Ziel. Versucht nicht, ihn nach Originalrezepten zu finden, sondern lasst euch von ihm finden in der Armut eines banalen Lebens.“ (Madeleine Debrêl)

Wir haben in diesem Buch einen Kulturwandel beschrieben, der eng mit einer spirituellen Verankerung verbunden ist. Wir haben erzählt, wie eine neue Kultur des Miteinanders wächst, wie Hoffnung entsteht und sich Zukunft bildet. Wir sind davon fasziniert, weil wir das vielfach erlebt haben und erleben, persönlich und mit Menschen, mit denen wir unterwegs sind und waren. Auch von ihren Erfahrungen haben wir gezehrt

Manche haben sich beim Lesen vielleicht manchmal gesagt: Zu schön, um wahr zu sein. Wie soll das nur gehen?

In unserem letzten Kapitel skizzieren wir daher ein paar Wege, auf denen sich dieser Kulturwandel vollziehen kann. Es gibt schon viele Erfahrungen dazu und die Impulse und Tools werden weiter an Kraft gewinnen. Es wird nicht überall sein, aber mehr und mehr wird damit gearbeitet, gerade, weil die Lösungen nicht vorgeben werden, sondern entstehen. Wir wissen uns verbunden mit vielen anderen Gestalterinnen und Gestaltern innerhalb und außerhalb der Kirche, die in einer ähnlichen Richtung unterwegs sind: Menschen aus den Netzwerken „Art of Hosting" und „Presencing Institute", Menschen, die mit „Circle" (siehe unten), „Council" und ähnlichen Haltungen, Überzeugungen und Methoden arbeiten, Menschen, die in der ignatianischen und kontemplativen Spiritualität und der christlichen Mystik unterwegs sind, Menschen, sie sich entschieden für Vielfalt und Verbundenheit, für Demokratie und nachhaltige Lösungen einsetzen, Menschen die nach einer neuen Art des Miteinanders suchen und lernen, zwischen „kompliziert und funktional" und „komplex und relational" zu unterscheiden. Mit vielen sind wir im Austausch, mit manchen persönlich verbunden. Mit ihnen verbindet uns die Erfahrung: Ja, wir sehen die Keime der hoffnungsstarken Zukunft aufwachsen, sie sind schon da und haben Kraft.

Eine Kultur, die uns guttut und in der nachhaltige Lösungen entstehen, ist möglich.

Und weil wir immer wieder nach Konkretionen gefragt werden, geben wir einen kleinen Einblick in die Art, wie wir arbeiten, und teilen Erfahrungen, die uns selbst ermutigen. Eine Kultur, die uns guttut und in der nachhaltige Lösungen entstehen, ist möglich.

Wir fragen in diesem Kapitel nicht: Was können Gremien beschließen, damit *andere* die Beschlüsse in kulturelle Veränderungen umsetzen? Oder welche Methoden sind anzuwenden, dass sich die gewünschten Effekte einstellen?

Wir fragen: Wie kann die Kultur *in* Vorständen, Leitungsteams, Gremien so verändert werden, dass sie einen heilsamen Wandel und gute Lösungen für die Zukunft unterstützt? Und die Erfahrung ist, dass dazu gar nicht so viel nötig ist. Kleine Änderungen haben manchmal große Wirkungen. Und Menschen sind dankbar und arbeiten umso lieber mit. „Wie können die Kraftquellen des Glaubens und das gemeinsame Arbeiten in Gremien und Planungsgruppen zusammenkommen?" Diese Frage hat in den vergangenen Jahren viele Menschen angesprochen. Und wir haben zahlreiche Prozesse dazu gestaltet und begleitet, in denen immer Raum war für die je unterschiedliche Spiritualität der verschiedenen Akteurinnen und Akteure.

Wenn die Zukunft offen ist und Menschen, Atmosphären und unkontrollierbare Faktoren komplex aufeinander wirken, kommt es darauf an, mit den Beteiligten einen gemeinsamen Sinn für das auszubilden, was gegenwärtig wirkt und zukünftig Gestalt gewinnen will.

Diese Art der Prozessgestaltung bewährte sich vor allem in *Herausforderungen komplexer Natur,* in denen die bekannten und bewährten Methoden der Steuerung zu kurz greifen. Für alles andere sind die bewährten Instrumente hilfreich und gut. Vieles braucht keine aufwendigen Bemühungen oder Zeitbudgets, es kann einfach gelöst werden. Vertraute Instrumente helfen aber nur begrenzt, wenn wir Neuland betreten, unsicheres Terrain oder unbekanntes Gebiet. Und davon gibt es gerade eine ganze Menge. Man gewinnt keine *neue* Lösung, indem man nur analysiert, evaluiert und die bewährten Modelle der

Vergangenheit anwendet und in die Zukunft fortschreibt. Lösungen entstehen hier auf anderen Wegen. Wenn die Zukunft offen ist und Menschen, Atmosphären und unkontrollierbare Faktoren komplex aufeinander wirken, kommt es darauf an, mit den Beteiligten einen gemeinsamen Sinn für das auszubilden, was gegenwärtig wirkt und zukünftig Gestalt gewinnen will. Das braucht auch andere Bedingungen. Es braucht einen Vertrauensraum, in dem eine Gruppe schöpferisch sein kann. Wie kann das gelingen?

Wir skizzieren ein paar Hilfen und Ideen. Nehmen Sie sie als Unterstützung Ihrer eigenen Offenheit und Neugier. Dafür sind sie gedacht. Nicht als Rezepte mit Geling-Garantie. Nicht als Norm, sondern getragen von den Haltungen der Menschen, die beteiligt sind.

Drei Minuten Stille – Tool 1

„Drei Minuten Stille" ist eine kleine Methode, aber sie ist ziemlich wirksam. Ein Team oder ein Gremium unterbricht in der Beratung den Redefluss und legt eine bewusste Pause ein, in der nicht gesprochen wird. Diese Unterbrechung gibt den Einzelnen die Chance, innezuhalten und den Blick nach innen zu richten auf Gedanken und Resonanzen, die das Gespräch in ihnen ausgelöst hat, und welche Gedanken ihnen jetzt in diesem Moment der Stille kommen. Während der Beratungen sind die Gedanken meistens auf die Gesprächsbeiträge der anderen gerichtet und wie man darauf reagieren bzw. wie man die Diskussion voranbringen möchte. Jemand sagte: „Diese Stille brauche ich so dringend. Ich bin beim Zuhören ja meistens schon damit beschäftigt zu überlegen, was ich antworten möchte." Parallel dazu gibt es oft wenig Kapazität, auch noch wahrzunehmen, welche weiteren noch nicht beachteten Aspekte es im Gesagten gibt und erst recht nicht, welche Gefühle mit dem Besprochenen verbunden sind und mitlaufen. Dafür schafft die Stille Raum. Die Teilnehmenden haben Zeit, sich zu fragen: Was geht mir noch nach? Welche Aspekte fallen mir noch ein, die noch nicht gesehen wurden? Welche leisen Stimmen sind noch in mir? Gerade die leisen Stimmen werden leicht übersehen, wenn ihnen keine Chance eingeräumt wird, sich zu Wort zu melden und wahrgenommen zu werden. Die Stille ist ein Zwischenraum, in dem nichts passieren muss. Und sie wird unterschiedlich genutzt. Die einen notieren sich ein paar Gedanken, die anderen schließen die Augen und lassen die Gedanken weiterlaufen, einige nehmen wahr, welche Körperempfindungen sich in ihnen melden. Einigen gibt die Stille die Möglichkeit, erst einmal tief durchzuatmen, sich zu strecken, um eine Verspannung im Rücken zu lösen, um dann wieder wacher präsent sein zu können.

Die Stille öffnet die Möglichkeit, bewusst vom Aktivmodus zurückzutreten und sich zu öffnen, um etwas zu empfangen (einen Gedanken, eine Einsicht, ein Bild, eine Empfindung). Auch von göttlicher Quelle, von der Geistgegenwart her, kann uns etwas zukommen, untergemischt in allem, was wir wahrnehmen. Das kann natürlich auch im Aktiv-Sein, im Reden und Hören geschehen. Es ist allerdings leichter, darauf aufmerksam zu werden, wenn ab und an eine Unterbrechung ausdrücklich „eingebaut" wird und sich alle auf das Hinhören ausrichten. Auch der Austausch in der Gruppe wird von dieser Lücke, in der wir etwas empfangen können, profitieren, vor allem je mehr eine Gruppe mit diesem Element vertraut ist. Die jüdisch-christliche Brückenbauerin *Edith Stein* (1891–1942) formulierte es so: „Stille ist ein Schweigen, das dem Menschen Augen und Ohren öffnet für eine andere Welt."

Zum *Praktischen*: Die Stille kann unterschiedliche Längen haben. Manchmal hilft schon eine Minute, manchmal braucht es auch mehrere Minuten. Entscheidend ist, dass die Länge den Einzelnen dient und sie die Stille gut aushalten können, ohne sich unwohl zu fühlen oder sich abzulenken und zum Beispiel das Smartphone zur Hand zu nehmen.

Besonders wenn eine Gruppe dieses Element nicht kennt, braucht es eine Hinführung durch die Gesprächsleitung. Was passiert jetzt? Wofür ist diese Stille gedacht? Alle sollten erfahren, welche Idee dahintersteckt und warum die Leitung diesen Schritt vorschlägt. Ein Kollege formuliert es manchmal so: „Wir sind soziale Wesen. Wir leben in Beziehungen und deshalb braucht es manchmal Zeit und Raum, dem nachzugehen: Wir gehen jetzt in Resonanz mit uns selbst und mit der Gruppe. Ich lade Sie ein, sich dabei überraschen zu lassen."

Wenn transparent ist, was in den nächsten Minuten geschieht, lassen sich die meisten Menschen bereitwillig auf einen neuen, ungewohnten Schritt ein.

„Stille ist ein Schweigen, das dem Menschen Augen und Ohren öffnet für eine andere Welt." (Edith Stein)

Die Stille wird geschützt von einem Klang zu Anfang und zum Ende. Ein Klingen oder ein Ton ist hilfreich, um die andere Art und Weise zu markieren, in der die Gruppe jetzt zusammen ist. Man kann eine Klangschale verwenden oder einen passenden Ton/eine Melodie vom Smartphone. Und wenn gar nichts vorhanden ist, schlägt man Wassergläser an, die meistens auf dem Sitzungstisch bereitstehen. Für Gruppen, die im Singen geübt sind, kann auch eine Liedzeile sehr hilfreich sein, „Schweige und höre ..." zum Beispiel oder nur das Summen einer bekannten Melodie, in die die meisten einstimmen können.

Hier noch ein Überblick über Situationen, in denen eine Stille sinnvoll sein kann:

Vor Gesprächen,

- die Fragestellungen im komplexen Gelände erkunden,
- die die tieferen Dimensionen (Herz, Gefühle, innere Regungen) bewusst einbeziehen,
- die als schöpferischer Dialog angelegt sind (vgl. Tool 3).

In Gesprächen,

- wenn sich der Austausch festgefahren hat bzw. im Kreis dreht oder man gerade nicht weiterkommt, um bewusst auf das zu hören, was noch nicht gehört wurde (leise Stimmen, fehlende Aspekte, Verstecktes, Zögerliches), und um denen eine Chance zu geben, die noch nichts gesagt haben. Nach der Stille kann bewusst eingeladen werden: Jetzt hören wir zuerst auf die, die dazu noch gar nichts gesagt haben, vorausgesetzt, sie möchten etwas sagen,
- wenn sich der Austausch so verdichtet hat, auch atmosphärisch, dass das Bedürfnis nach einer „Verdauungs- bzw. Wirkungspause" entsteht.

Nach Gesprächen,

- um das Besprochene, die Vielfalt, das Ergebnis, die Schlussfrage etc. nachklingen zu lassen, um sich bewusst zu machen, was im Laufe des Gesprächs gewachsen ist und geerntet werden kann.

Mit dem Herzen auf die Sehnsucht hören – Tool 2

Die Sehnsucht als Kraftquelle zu entdecken, erleben wir immer wieder als bereichernd. Und es gibt oft den anschließenden Gesprächen und Diskussionen eine andere Qualität. Deshalb stellen wir hier eine kleine Methode vor, mit der wir häufig arbeiten. Und die – mit etwas Gruppenerfahrung und -gespür – leicht eingesetzt werden kann. Wir nennen sie: Mit dem Herzen auf die Sehnsucht hören.

„Was ist meine (größte) Sehnsucht für mein Engagement?", ist die bestimmende Frage dieser Methode. Und sie kann variiert werden: „Was ist meine größte Sehnsucht für meine Aufgabe in diesem Unternehmen, in diesem Projekt?" „Was ist meine Sehnsucht für meinen Aufgabe als Kirchenvorsteher/Presbyterin für die neue Wahlperiode?" „Was ist meine größte Sehnsucht in meiner Aufgabe/in der vor uns liegenden Herausforderung als Regionalbischöfin/als Abteilungsleiter im Landeskirchenamt?"

Eine solche Frage braucht ein anderes Setting als die normale Debatte. Mit der Frage nach der Sehnsucht ist etwas Persönliches, vielleicht auch Verletzliches berührt. Dafür braucht man einen sicheren Raum und Vertrauen (vgl. dazu unten die „Vereinbarungen und Haltungen im Kreis"). Deshalb besprechen wir das in der Regel auch nicht im Plenum, sondern in Dreiergruppen. Dann kann sich jede und jeder mit zwei Menschen zusammensetzen, zu denen ein Grundvertrauen da ist. Und natürlich entscheidet jede Person, wie viel er und sie aus dem eigenen Inneren zeigt.

Da die Frage für viele eher ungewöhnlich oder ungeübt ist, braucht es ein bisschen Zeit, um nicht nur das zu empfinden und zu sagen, was einem als Erstes einfällt. Deshalb schenken wir der Gruppe drei Minuten Stille, am Anfang und Ende begrenzt durch einen Klang (vgl. Tool 1). Im Zwischenraum zwischen den Klängen fallen keine Worte, sodass die Einzelnen frei sind, ihren Gedanken nachzugehen, ohne unterbrochen zu werden. Nach einer kleinen Hinführung folgen also drei Minuten Stille für die Frage: „Was ist meine (größte) Sehnsucht für ...?"

Danach kommt kein Austausch im Plenum, sondern eine Einladung zu Dreiergruppen, um mit dem Herzen zu hören. Manchmal sagen wir auch: um einander das Herz zu leihen. Dafür erzählt eine Person drei bis fünf Minuten von der eigenen Sehnsucht. Dabei wird manches gesagt werden, was die Person selbst überrascht. Sie spürt im Reden zum Beispiel, wie sehr sie etwas tatsächlich berührt oder bewegt. Oder wie viel Energie darin steckt. Und weil wir selbst immer nur begrenzt wahrnehmen, „leihen" die anderen ihr Herz oder hören mit dem Herzen. Wenn die erste Person zu Ende gesprochen hat, geben sie eine Resonanz, etwa so: „Wenn ich mit dir mitspüre, empfinde ich ..." Jegliche Kommentare im herkömmlichen Sinn, Bewertungen und Beurteilungen oder gar zynische Bemerkungen haben hier keinen Platz. Voraussetzung ist, dass ein gewisses Maß an Vertrauen vorhanden ist. Und dass die „Vereinbarungen und Haltungen im Kreis" (vgl. Tool 3) oder Ähnliches die Grundlage für diesen Austausch sind. Wenn die Resonanzen zur ersten Person geteilt wurden, kann ein Moment Stille sein, bevor die nächste Person in der beschriebenen Weise von ihrer Sehnsucht erzählt. Darauf geben die anderen beiden Resonanzen aus ihren Herzen weiter. Es folgt die dritte Person. Bewährt haben sich ca. sieben bis acht Minuten Zeit pro Person (erzählen plus Resonanzen), also ca. 25 Minuten insgesamt für die Dreiergruppe.

Anschließend wird das persönlich Geteilte nicht in das Plenum eingebracht. Vertraulichkeit ist Voraussetzung und wird zu Beginn vereinbart. Die Gruppe kann einander aber gut etwas mitteilen über ihre Entdeckungen beim Hören und beim Reden. Dann spricht jede/jeder nur über die eigenen Entdeckungen im Prozess. Zum Beispiel: „Als ich selbst erzählt habe, hat mich überrascht ..." Oder: „Beim Zuhören musste ich immer wieder dem gewohnten Reflex widerstehen, etwas zu raten oder zu fragen. Das war ein bisschen anstrengend. Aber als ich selbst erzählt habe, fand ich's gut, dass ich mal in Ruhe ausreden konnte." Oder: „Ich habe gemerkt: Mit dem Herzen zu hören, wünsche ich mir öfter. Da tauchen noch andere Aspekte auf, die ich sonst übersehen würde. Gerade zu unserem Thema ist mir noch einiges bewusst geworden ..."

Ein solcher Rückblick auf das Geschehen kann die Verbundenheit der Gruppe stärken, ohne dass sich die Einzelnen persönlich für alle öffnen müssen.

Kopf, Herz und Hände

All die hier beschriebenen Tools dienen dazu, dass die Gespräche ganzheitlicher und damit schöpferischer werden und die verschiedenen Dimensionen, die alle zu uns gehören, einbezogen werden. Dazu gehört, was der Kopf braucht (alle notwendigen Informationen als Grundlage für eine Entscheidung, Daten und Fakten etc.) und was uns durch den Kopf geht. Dazu gehört aber auch, was uns und die Betroffenen im Herzen bewegt (Gefühle, Stimmungen, Atmosphärisches). Dort ist nach biblischen Verständnis ja der Ort, an dem Vernunft und Gefühle zusammenkommen, an dem das Gewissen Orientierung gibt und an dem Entscheidungen reifen (vgl. auch Kapitel 3). Es ist schon viel gewonnen, wenn in Gesprächen Zeit ist, dass sich Kopf und Herz der Beteiligten besser synchronisieren können.

Wir hören vertieft auf mehreren Ebenen und öffnen die Hände für das, was geschenkt werden kann.

Vereinbarungen und Haltungen im Kreis und schöpferische Dialoge – Tool 3

Dieses Tool beschreiben wir, um eine Vorstellung zu geben, wie Vertrauensräume aufgebaut werden können und wie leerer Raum für neue Ideen entstehen kann. Für die Durchführung sind Menschen wichtig, die eine gewisse Übung in schöpferischen Dialogen (Circle, Council etc.) und entsprechende Achtsamkeit für mögliche Klippen haben.

Eine Schlüsselerfahrung und -überzeugung verbindet uns mit vielen Prozessgestalterinnen und -gestaltern: Prozesse, in denen sich Menschen öffnen, in denen nicht nur Argumente ausgetauscht werden, sondern auch etwas vom eigenen Herzen eingebracht wird, brauchen einen besonderen Schutz. Deshalb beginnen wir fast jeden Prozess und Fortbildungsgruppen mit diesen Vereinbarungen und Haltungen aus der Circle-Arbeit (vgl. Baldwin; Linnea: Circle):

1. Persönliche Informationen sind vertraulich.
2. Wir hören einander aufmerksam zu und urteilen nicht.
3. Wir achten darauf, zum schöpferischen Prozess der Gesamtgruppe beizutragen.
4. Wir bitten um das, was wir brauchen, und geben, was wir können.
5. Von Zeit zu Zeit halten wir inne und richten unsere Gedanken und Aufmerksamkeit aufeinander und auf Gott/auf unsere Quellen wieder neu aus.

1. ist manchmal selbstverständlich, und doch braucht es immer wieder eine Erinnerung. 2. meint: Wir sortieren das Gehörte nicht einfach nur in das ein, was wir schon kennen. Auch nicht in das, was wir von der anderen Person kennen, mit der wir vielleicht schon Jahre unterwegs sind. Aufmerksam zuhören, heißt auch: Wir beschäftigen uns nebenbei nicht mit anderen Dingen, mailen oder chatten nicht parallel mit anderen. „Die Qualität der Ergebnisse hängt unmittelbar ab von der Qualität der Aufmerksamkeit aller Akteure", resümiert *Otto Scharmer*, nachdem er viele erfolgreiche Unternehmen zu ihrer Herangehensweise befragt hat. So schlicht dieser Satz ist, so wirkungsvoll ist er auch: „Wir hören einander aufmerksam zu und urteilen nicht." Zum zweiten Teil des Satzes könnte man etwas vorsichtiger auch sagen: Wir stellen die Urteile und Bewertungen, die in uns aufsteigen, für den Moment einmal zurück. Wir halten unsere „Annahme in der Schwebe" (Bohm, Der Dialog, 66). In

der Gegenposition könnten auch Wahrheitsmomente liegen. In ihr könnte etwas verborgen sein, das für eine Lösung wichtig ist und sich noch zeigen wird. 3. trägt zur Fokussierung der Gruppe bei. Als Teilnehmer/-in am Gespräch plaudere ich nicht einfach drauflos. Ich halte mich auch nicht grundsätzlich zurück, sondern frage mich vielmehr: Ist mein Beitrag jetzt gut? Bringt er die Gruppe weiter? Vielleicht passt er später noch besser oder andere werden auf ihre Weise einbringen, was mir wichtig ist. 4. macht deutlich, dass die Gruppe gemeinsam Verantwortung trägt: Jede und jeder kann etwas beitragen und soll das auch tun. Und niemand kann alles. Deshalb gilt auch: Ich bitte um das, was ich brauche, zum Beispiel um vollständige Informationen oder die Aufmerksamkeit der anderen. Punkt 5 weist darauf hin, dass in den Beratungen immer mal wieder „angehalten" werden kann für eine Stille von ein bis drei Minuten. Jede und jeder im Kreis kann sich diese Stille wünschen. Dadurch haben alle in der Runde die Chance zu spüren, was sie bewegt in Gedanken und Gefühlen. Und welche leisen Stimmen und Eindrücke sich auch in der Stille melden.

Diese „Vereinbarungen und Haltungen im Kreis" kann ein Team oder Gremium als Grundlage nehmen, wenn es sich darüber verständigen will, welche Bedingungen sie für ein gutes Miteinander brauchen. Die fünf Sätze können ergänzt oder geändert werden, je nachdem, was die Gruppe für sich braucht. Der Effekt ist, dass alle im Kreis ihren Teil der Verantwortung übernehmen für eine Atmosphäre, die Vertrauen ermöglicht. Und wenn die Vereinbarungen und Haltungen im Laufe des Prozesses oder in der „Hitze des Gefechts" mal aus dem Blick geraten, erinnert jemand freundlich an sie.

Auf diese Weise schützen alle Beteiligten einen offenen Raum für ein ko-kreatives Miteinander und setzen Energie und Ideen frei, die für nachhaltige Lösungen erforderlich sind.

Ko-kreative Prozesse brauchen Freiheit, um das, was noch niemand kennt, zu finden und zu empfangen. Diese Methode ist überall da sinnvoll, wo nicht am gleichen Tag oder Abend noch eine Entscheidung getroffen werden muss. Voraussetzung ist, dass Grundvertrauen in der Gruppe vorhanden ist. Wenn das nicht der Fall ist und zum Beispiel Konflikte in einer heißen Phase sind, wenn die Sorge besteht, dass sie „hochkochen" oder wenn viele – aus welchen Gründen auch immer – nur mit angezogener Handbremse mitmachen, sind andere Methoden angezeigt, zum Beispiel aus der Mediation.

Vertiefungen zum Dialog (im Unterschied zur Debatte oder Diskussion) finden Sie unter „Gemeinsame Aufmerksamkeit für das, was werden will" in Hartmann/Knieling, Gemeinde neu denken, 164–198. Dort haben wir auch den Ablauf des „Pro-Action-Cafés" einschließlich des Hörens in der Stille detailliert beschrieben. Und wir geben Anregungen, wie Gremien Widerstände konstruktiv in ihre Prozesse einbeziehen können, indem sie ihnen Gastrecht gewähren.

Die Geister unterscheiden

Solche Prozesse führen in eine vertiefte Wahrnehmung, ein aufmerksames Hören in einer Haltung der Offenheit. Wir üben uns darin, als ganze Menschen wahrzunehmen – mit Verstand (Kopf) und Gefühl (Herz und Körper). Wir üben uns darin, auch dem Unbewussten und damit dem Geheimnis des Menschen Raum zu geben und sich auszusprechen. Das Hören vollzieht sich in einer vierfachen Richtung und Bewegung: im Hören auf mich selbst, auf die anderen und die Gruppe, auf das Ganze und den Prozess sowie in allem auf den Geist Gottes.

Eine Gemeinschaft, die sich auf das Hören und Reden aus dem Geist heraus einlassen möchte, wird damit konfrontiert, dass sich der Geist vielstimmig ausspricht. Darin liegt ein großer Reichtum. Gott ist präsent in den unterschiedlichen Persönlichkeiten, Charismen und Perspektiven der Anwesenden. Die Gruppe hat die Chance, die Wirklichkeit in ihrer Fülle und Vielschichtigkeit besser wahrzunehmen. Sie kann ein größeres Spektrum von Daten, aber vor allem auch atmosphärischen Qualitäten in die Beratungen einbeziehen und erhöht so die Nachhaltigkeit. Gleichzeitig löst diese Vielstimmigkeit Unsicherheiten aus und birgt Spannungspotenzial. Was geschieht, wenn gegensätzliche Positionen nebeneinanderstehen und kein Konsens herzustellen ist? Die Sorge, die Geister „nicht eingefangen zu kriegen", blockiert mitunter die Offenheit.

In Sachdiskussionen ist man zwar an Kontroversen und Meinungsvielfalt gewöhnt. Vom Geistwirken aber erwarten viele Einstimmigkeit und Gleichklang. Wenn Gottes Geist aber aus den Herzen der Menschen heraus wirkt – vermischt mit allem Menschlichen –, dann ist das fast zwangsläufig vielstimmig (mehr dazu in Kapitel 3). Wie kann man damit in kreativen Prozessen umgehen? Es geht darum, der einen Geistkraft in der Vielstimmigkeit zu vertrauen, ohne eindeutig bestimmen zu wollen und zu können, in welcher Position sie allein zu finden ist. Und darauf zu verzichten, den Geist für bestimmte Positionen oder Interessen zu vereinnahmen. Alles Fragen, Suchen und Ringen bleibt ein „vermischtes Geschehen", irdisch und himmlisch zugleich. Das Spirituelle daran ist, dass alle Beteiligten die Ausrichtung auf die gegenwärtigen spirituellen Quellen halten und darauf vertrauen, dass sie in, mit und unter menschlichem Denken, Fühlen und Reden am Wirken sind. Die Gruppe als Ganze übernimmt *Verantwortung* dafür, *die Geister im Prozess zu unterscheiden.* Die „Geister" zeigen sich als Gedanken, Bilder, Gefühle, Energien, körperliche und seelische Regungen, die ich in meinem Inneren wahrnehmen kann. Wenn sich Gottes Geistkraft dort, in unserem Inneren, einmischt, dann kann eine Stimme aus dieser Quelle kommen und eine andere nicht. Wie unterscheiden wir das? Wie unterscheiden wir die Geister in uns und in unserem Gruppengespräch, um auf der einen Seite allzu Menschliches nicht zu überhöhen und einfach als göttlich zu qualifizieren und auf der anderen Seite Göttliches nicht zu überhören?

Inhaltlich orientiert sich die Gruppe an den Kriterien des Geistwirkens im Neuen Testament. Im Galaterbrief hat es Paulus so auf den Punkt gebracht (5,22, Zürcher Bibel): „Die Frucht des Geistes aber ist Liebe, Freude, Frieden, Geduld, Güte, Rechtschaffenheit, Treue, Sanftmut, Selbstbeherrschung." Wer die Qualität der Geister erspüren will, kann sich fragen: Wenn ich auf diese oder jene Stimme höre und ihr folge, was bewirkt sie in mir und anderen? Fördert sie Liebe, Freude, Frieden ... in mir und unter uns oder hindert sie diese Wirkungen?

Vertiefendes und Hilfreiches dazu findet man im Johannesevangelium (Kapitel 14–16), im Römerbrief (Kapitel 8) und 1. Korintherbrief (Kapitel 12–14), bei den Wüstenvätern und -müttern, in den Exerzitien des *Ignatius von Loyola*, bei *Martin Luther* und vielen anderen.

Das biblische Zeugnis und das Erfahrungswissen vieler spiritueller Menschen der Geschichte inspiriert die Gruppe, Fragen zu stellen wie:

- Was mehrt unter uns die Liebe zu Gott und zu den Menschen?
- Was richtet uns auf?
- Wo wird mein Herz weit? Wo wird es eng?
- Welche Sehnsucht lebt in mir/in uns?
- Hören wir einen Ruf Gottes?

Genügend Unterbrechungen und Wechsel im Hören auf Gott im anderen, im Gespräch und im Hören auf sich selbst fördern das Unterscheidungsvermögen. Die Doppelbewegung im Ausrichten auf das Geistgeschehen in den Einzelnen und dem Ausrichten auf das Geistgeschehen in der Gruppe dient als gegenseitiges Korrektiv für die Sicht der Einzelnen und die Gruppendynamik. Im gemeinsamen Hören und Abwägen kristallisiert sich heraus, welcher Weg für die Gruppe der am besten gangbare sein wird. Ob dieser Weg sich bewahrheitet und darin auch göttliche Kraft liegt, stellt sich oft erst im Nachhinein heraus. Die Akteure und Akteurinnen gestatten einander, mit ihren Urteilen und Entscheidungen danebenzuliegen. Es ist allen bewusst, über die Wirkung erst in der Retrospektive verlässlichere Aussagen machen zu können (vgl. Apostelgeschichte 5,34–42 – der Rat des Gamaliel).

Halt, Haltung, Verhalten und Verhältnisse – Tool 4

Die Zusammenhänge zu den Wechselwirkungen von Halt, Haltung, Verhalten und Verhältnissen haben wir in Kapitel 4 als Beispiel zu den Kraftraum-Treffen beschrieben.

Anregung: Wenn Sie mögen, beobachten Sie die Zusammenhänge der vier Dimensionen Halt, Haltung, Verhalten und Verhältnisse einmal zu einem Thema oder Problem, das bei Ihnen diskutiert wird und das immer wieder auftaucht, weil es nicht so richtig gelöst werden kann. Der Blick auf die vier Dimensionen hilft, Aspekte einzubeziehen, die bisher noch nicht gesehen wurden. In manchen Kulturen sind Menschen gewohnt, alles von der Veränderung der Verhältnisse zu erwarten und haben dabei die Haltungen wenig im Blick. Bei anderen ist es umgekehrt. Sie meinen, wenn sich nur die Haltungen ändern würden, würde alles gut werden. Gegen manche Verhältnisse kommen Haltungen aber nicht an. Regen Sie gerne in Ihrem Team oder Gremium bei bestimmten Herausforderungen an, alle vier Dimensionen wahrzunehmen. Erst einmal ohne Wertung: Wie sind gerade die Verhältnisse? Wie verhalten wir uns darin? Welche Haltungen haben wir? Was gibt uns Halt? Lassen Sie bewusst unterschiedliche Wahrnehmungen zu. Bringen Sie sie nicht zu schnell auf einen Nenner. Nehmen Sie sich Zeit für die Wahrnehmungen. Und lassen Sie dann erst Ideen entstehen: Wenn ich meine Haltung ändern würde, dann ...? Welche Verhältnisse brauche ich, um gut agieren zu können? Wie spielt das zusammen? Was kann ich tun? Und was können nur andere tun?

Wer mit Verkörperung, Embodiment und Ähnlichem vertraut ist, kann auch damit experimentieren, eine körperliche Haltung zu finden zu den Verhältnissen in einer bestimmten Situation, es körperlich zu erkunden, welcher Halt nötig ist und wie Haltung und Verhalten zusammenspielen ... Wir können das hier nicht entfalten, aber wenn Sie selbst nicht damit vertraut sind, gibt es vielleicht Menschen in Ihrer Umgebung, die Erfahrungen damit haben oder jemanden kennen, die oder der so etwas anleiten kann.

So wird eine realistische Sicht vertieft im Blick auf die Möglichkeiten genauso wie auf Hindernisse und Blockaden. Falsche Hoffnungen und anschließende Frustrationen werden vermieden. Und die Energie kann auf das gelenkt werden, was ein nächster Schritt sein kann. Dieser Schritt kann auch sein, hier nichts mehr zu investieren, weil keine Aussicht auf Änderung der Verhältnisse besteht. Der Schritt kann sein, Verbündete zu suchen und um umso entschiedener für das Anliegen einzutreten.

Wie ist es, wenn es in sieben Jahren gut ist? – Tool 5

Dieses Tool haben wir am Ende von Kapitel 1 beschrieben. Wir weisen an dieser Stelle nur noch einmal darauf hin. Auch weil es sehr dazu hilft, sich nicht nur von den Hoffnungsbildern in diesem Buch inspirieren zu lassen: Lassen Sie Ihre eigenen Bilder entstehen. Sie werden staunen.

Wir beschreiben, wie sich Haltungen und Kultur verändern und was wir dafür tun können. Wir vertrauen darauf, dass daraus die neuen Strukturen entstehen werden, die es braucht. Deshalb wäre es nicht im Sinne dieses Ansatzes, Antworten auf konkrete Strukturfragen vorwegzunehmen (zum Beispiel: Wie genau wird sich das Kirchensteuersystem verändern? Oder: Welche Formen des Religionsunterrichts – ökumenisch, interreligiös, verbunden mit Ethik/Philosophie – wird es in Zukunft geben?).

Wir sind sicher: Wo in einer guten Kultur die verschiedenen Akteure und ihre Anliegen zusammenspielen, wird es gute Lösungen geben.

Elefanten im Raum: Wie gelingt eine Annäherung? – Erfahrung 1

„Und da sind ja auch die Elefanten im Raum." Es hat gut angefangen. Die Stimmung hat sich gelockert auf der Klausur einer Führungsmannschaft. Etwas fernab vom Getriebe des Alltags lässt es sich leichter auf die Herausforderungen schauen. Auch mit uns als Prozessbegleitung ist eine erste Vertrautheit entstanden.

Doch dieses Votum einer Führungsperson ändert die Atmosphäre: Elefanten? Was meint sie? Einige nicken bedeutsam. Andere schauen irritiert. Wieder andere verdrehen die Augen. Mit diesem Bild ist etwas aufgerufen, was Verwirrung auslöst und Gefühlsmischungen unterschiedlichster Tönung. Die Spannung steigt spürbar an, auch für uns, die wir ja am wenigsten Bescheid wissen und nur Hypothesen aufstellen könnten. Wofür stehen die Elefanten?

Ich (Isabel) liebe diese Tiere. Aus der sicheren Distanz habe ich sie stundenlang beobachtet im afrikanischen Buch, wie sie die Landschaft durchstreifen, hier und dort Zweige abreißen, aber auch dicke Stämme fällen wie Mikadostäbchen. Sie beeindrucken mich auch in ihrem sozialen Verhalten, wie sie als Gruppen unterwegs sind, fürsorglich die Jungtiere in ihre Mitte nehmen oder um eine verstorbene Gefährtin trauern. Trotz ihrer Größe und Kraft haben sie für mich etwas Anmutiges, Liebenswertes.

Aber jetzt ist offensichtlich etwas anderes angesprochen: ein Problem, das nicht offen benannt wird, aber wohl den meisten bewusst ist. Und es scheint durchaus strittig, wie es zu bewerten ist. Was tun? Und was hat es mit dem Thema, an dem wir gerade gearbeitet haben, zu tun?

Ja, in eine „Hab-Acht-Stellung“ bringen uns diese Dickhäuter tatsächlich. Wenn sie auftauchen, sollte man Abstand halten und schauen, wie sie gerade gestimmt sind, ob sie Jungtiere mit sich führen, in welche Richtung sie unterwegs sind, um keinen Zusammenprall und Überraschungsangriff zu riskieren. Es ist angesagt, sich so zu verhalten, dass sie sich nicht gestört oder gar bedroht fühlen könnten. So betonte es unser Ranger, der uns zu Fuß durch den Busch begleitete.

Diese Vorsicht erkenne ich auch jetzt im Raum wieder. Da gibt es etwas, was diesen Reflex zur Vorsicht auslöst. Manchen ist es unheimlich, anderen zu diffus. Auf jeden Fall ist es emotional nicht auf einen Nenner zu bringen und daher auch nicht rein von der Sache her zu betrachten. Unsichtbar, undurchschaubar steht es im Raum. Man sollte es nicht stören, nicht reizen, sonst könnte es unliebsame Folgen haben. Also hält man es lieber auf Abstand. Aber man kann auch nicht so tun, als ob es nicht da wäre, und einfach weitermachen. Es ist zu gegenwärtig, als dass man jetzt weitergehen könnte und ihm den Rücken zuwenden. Man kann nicht mit und kann nicht ohne.

Doch wie kommen wir in diesem Dilemma weiter? Die Elefanten direkt beim Namen nennen, geht nicht. Sonst hätte man es schon getan. Es braucht einen Zwischenschritt. Wie gelingt eine Annäherung an das Phänomen „Elefant im Raum"?

1. Im sicheren Abstand bleiben und innehalten: Wie geht es mir an dieser Stelle, wo ich bin, und was will ich tun? Was meldet sich in mir?

Es hilft jetzt das, was auch in der Wildnis hilft: einen sicheren Platz in Distanz einnehmen.

Für die Gruppe heißt das: Jede und jeder hat die Möglichkeit, seine eigene Haltung zum Elefanten wahrzunehmen. Wie empfinde ich das angesprochene Namenlose, wie will ich damit umgehen? Wir halten zunächst auch akustisch inne in einer Stille, nehmen ein paar Minuten zum eigenen Nachdenken und -spüren.

Dann folgt eine Runde: Was kann und will ich dazu sagen? Oberste Priorität ist die Sicherheit. Alles, was geäußert wird, darf so stehenbleiben und wird nicht beurteilt. Darauf hatte sich die Gruppe am Anfang der Klausur verständigt (siehe Haltungen im Kreis). Wie in der Wildnis ein angemessenes Verhalten bei der Wildbeobachtung, so sind diese Vereinbarungen zum Schutz des Gesprächs Grundlage jeglicher Vertrauensbildung und gemeinsamen Bewegung.

Die Runde gibt Einblick in die Vielfalt der Empfindungen und Haltungen zu den Elefanten im Raum. Die einen trauen sich näher ran, wollen sie sogar erkunden, vielleicht finden sie es sogar faszinierend, sich ihnen zu nähern. Andere halten sich am liebsten fern, denn man weiß ja nicht, was dann passiert. Wieder andere halten es für unnötig, sich damit überhaupt zu beschäftigen. Der Verdacht steht im Raum, dass hier etwas aufgebauscht und größer gemacht wird, als es ist. Dafür wollen sie nicht ihre kostbare Zeit verwenden.

Obwohl die Elefanten weiterhin nicht beim Namen genannt werden, geschieht etwas Kostbares: Die Spannung lässt nach. Die Anwesenden fühlen sich schon etwas sicherer. Es entlastet, mehr voneinander zu wissen zu diesem Phänomen. Und es erleichtert, dass das Problem einen Platz bekommt. Es ist da auf irgendeine Weise, und diese Tatsache wird von allen anerkannt. Das allein schon lässt das Unbehagen schrumpfen.

2. Die Elefanten in den Blick nehmen: Was sehe ich? Welchen Namen gebe ich den Elefanten?

Mit dem ersten Schritt ist noch nicht geklärt, was die Gruppe als Ganze mit den Elefanten tun möchte. Dazu braucht es meist noch weitere Zwischenschritte. Sie direkt anzuschauen und zu benennen, wurde lange vermieden und könnte schnell zu heiß werden.

Auch in der freien Wildbahn muss behutsam vorgegangen werden, wenn sich Wildbeobachter einer Elefantengruppe nähern möchten. Am wichtigsten ist, dass eine gewisse Vertrautheit entsteht und beide Seiten die Annäherung zulassen. Mit Druck und Tempo vorzugehen, könnte die Elefanten unruhig und aggressiv machen. So ist es auch mit den Elefanten im

Raum. Sie offen in der Gesamtgruppe zu benennen, kann leicht zu konfrontativ empfunden werden und die Scheu nur verstärken. Vertraut werden ist kein einzelner Schritt, es ist ein Weg. Er kann über geschützte vertrauliche Gespräche in kleinen Gruppen führen. Und manches bespricht man lieber in informeller Umgebung beim Bier oder Wein oder schläft eine Nacht darüber. Da ist Kreativität gefragt: Welche Möglichkeiten gibt es, einander zu sagen: Was sehe ich, wenn ich auf die Elefanten sehe? Wie würde ich das Problem benennen? Auf jeden Fall braucht es für diesen Austausch genug Zeit, dann machen Menschen die wohltuende Erfahrung: Meine Äußerungen werden gehört, ich kann darüber reden und eine Reaktion auslösen, und ich höre, wie andere die Situation sehen und kann darauf reagieren. Mit jedem Austausch entsteht mehr Vertrautheit mit den Wildtieren. Im Bild gesprochen haben auch die Elefanten eine Chance, mich zu sehen. Sie haben mich bemerkt, eine Grundvoraussetzung der weiteren Annäherung.

3. Eine gemeinsame Haltung für den Umgang mit den Elefanten gewinnen

Wann die Situation gekommen ist, gemeinsam zu beraten, welchen Umgang man zum Problem findet, wird sich zeigen. Es gelingt längst nicht immer, so weit zu kommen. Elefantenartige Probleme sind meist komplexer Natur und lassen sich nicht zu 100 Prozent lösen. Es ist schon ein Erfolg und ein guter Umgang, wenn sie einen bewussten Platz im Raum bekommen haben, ohne dass sie ganz verschwinden oder sich mit uns befreunden. Auch im realen Leben gilt: Menschen und Elefanten bleiben einander fremd und können nicht miteinander kuscheln. Der Respekt voreinander kann aber dennoch zu einer friedlichen Koexistenz führen. Vielleicht könnte dieses Verhältnis auch manches Elefantenszenario entspannen. Immer wieder hören wir solche Töne am Ende einer Klausur: „Wir können einander ja doch mehr vertrauen, als wir dachten." Oder: „So groß sind die Probleme tatsächlich nicht. Jetzt, nachdem wir sie angeschaut haben, haben sie an Schrecken verloren." Und nahezu jedes Mal zeigt sich: Die Fantasie, die die Elefanten zu Ehrfurcht gebietenden Monstern werden ließ, wird mit der Realität abgeglichen und dadurch spürbar entmachtet.

Die oben beschriebenen Tools können helfen, den Elefanten einen Platz zu geben, in einem Vertrauensraum Unausgesprochenes zu sagen und sich anzunähern. In manchen Fällen ist dafür auch Begleitung von außen hilfreich bzw. nötig.

Geben und Nehmen – Erfahrung 2

Am Straßenrand huschen die Schneereste aus den letzten Wochen vorbei. Jetzt liegt Frühling in der Luft auf dem Highway Richtung Norden. Zwei Stunden sind es von New York City bis zu unserem „Sky Lake Lodge": ein kleiner See, Himmel, Wald, Natur pur. Einfache Unterkunft.

Uns erwartet eine internationale Gruppe. Wir kennen uns schon und vertiefen bei diesem Training unsere Wahrnehmung für Energien in sozialen Systemen. Wir üben Aufmerksamkeit und Achtsamkeit. Wir achten dabei nicht nur auf uns selbst, sondern auf unser Miteinander, die Gruppe, die Beziehungen und Wechselwirkungen, den Prozess und die Tiefenströmungen. Wir finden Formen, die Energien und Wirkkräfte unter uns sichtbar machen. Naturnähe und die Frühlingssonne, die unseren Raum flutet, helfen uns dabei.

Mit einer Teilnehmerin hatte ich, Reiner, bei aller Verbundenheit einen kleinen Disput. Sie meinte fast beiläufig: „Das

Böse gibt es doch nicht wirklich.“ Ich sagte spontan: „Mhm. In meinem Herzen schon.“ Am nächsten Tag kam sie zu mir: „Darf ich dich mal nach deiner Sicht zu etwas befragen?“ „Klar“, sagte ich. Dann erzählte sie von einem Prozess mit einer Gruppe, der ihr „um die Ohren geflogen“ sei. Ich empfand es gar nicht so schlimm, was sie dann erzählte, aber für sie war es etwas, das sie trotz ihrer großen Erfahrung überrumpelt hat. Sie war in Spanien zu einem Workshop und hatte sich überfordert gefühlt. In einer Phase wurden urplötzlich destruktive Energien sichtbar und spürbar. Was vorher verborgen war oder verdrängt wurde, kam mit einem Mal an die Oberfläche. Diffuse Aggression erfüllte den ganzen Raum. Wer gegen wen, war gar nicht durchschaubar. Sie habe sich nicht mehr zu helfen gewusst, sagte sie, und einfach eine lange Pause vorgeschlagen. Damit sich die Menschen beruhigen konnten.

In der Pause habe sie Gesprächsfetzen aufgeschnappt und die Körpersprache der Kleingruppen wahrgenommen. Ihr wurde bewusst: Die Beteiligten waren so überrascht wie sie selbst. Aber auch erleichtert. Endlich wurde sichtbar, was im Untergrund schon lange wirkte. Auch Verletzungen zwischen unterschiedlichen ethnischen Gruppen gehörten dazu. Manches lag Jahrzehnte zurück.

Sie erzählte, sie sei sehr angespannt gewesen, was nach der Pause passieren würde. Und sie war total überrascht, wie schnell und gut die Gruppe ihren Umgang mit dem gefunden hat, was vor der Pause so offensichtlich den Raum verdunkelte.

Ich dachte – und sagte es auch: „Wo ist das Problem? Ich finde, du hast das wunderbar gemacht.“ Im Gespräch merkten wir, dass wir von unterschiedlichen Voraussetzungen ausgegangen waren: Für sie war es schlimm, dass es so etwas überhaupt gab unter Menschen, die eigentlich das Gute in die Welt bringen wollten. „Das Böse gibt es doch nicht“, hatte sie am Tag zuvor gesagt. Schon gar nicht bei Menschen guten Willens. Und wenn Aggressivität schon auftaucht, soll sie wenigstens nicht sichtbar werden. Das macht das Ganze doch nur schlimmer, äußerte eine Stimme in ihr, was in manchen Situationen ja auch stimmt.

Ich gab zu bedenken: „Ich finde zerstörerische Kräfte auch schlimm. Zugleich setze ich sie aber auch voraus in einer unvollendeten Welt. Wenn Energien in sozialen Systemen sichtbar gemacht werden, ist es für mich nicht verwunderlich, dass sich auch das Destruktive zeigt. Ich finde sogar wichtig, dass es sich zeigt. Wenn es verborgen und unerkannt bleibt, wirkt es oft umso verheerender. Wenn es von allen gesehen werden kann – wie in diesem konkreten Fall –, kann die Gruppe einen Umgang damit finden."

Wir waren uns einig, dass die Pause genau die richtige Entscheidung war. Die Beteiligten konnten erst einmal in vertrauten Grüppchen zusammenstehen und Worte finden für das, was sie eben erlebt hatten. Sie konnten auch für sich sein und den Kopf lüften. Sie konnten auf andere, nicht so vertraute Menschen, zugehen, wenn sie das wollten. Keiner musste etwas Bestimmtes tun. Was vor der Pause von allen gemeinsam gesehen wurde, konnte sich in den Einzelnen und im Miteinander etwas sortieren. Und es konnte reifen, wie es weitergehen sollte: Die Gruppe fand einen Umgang mit dem Destruktiven. Sie konnte sich dazu in Beziehung setzen. Sie konnte aktiv damit umgehen und war ihren Aggressionen nicht einfach ausgeliefert.

Im Gespräch mit ihr entdeckte ich, wie sehr meine Einschätzung von meinem christlichen Menschen- und Weltverständnis geprägt ist. Dort ist das Zerstörerische eine selbstverständliche Wirklichkeit. Etwas, das zu dieser Welt gehört. Und etwas, das nicht so bleiben muss, weil auch darin Gottes Wandlungskräfte wirksam werden. Genau das bildete der Prozess ab, den meine Mitstreiterin mir mitgeteilt hatte.

Das Gespräch wirkt in mir weiter: Dieser Weg des gemeinsamen Entdeckens und Hinschauens ermöglicht, das Destruktive gemeinsam anzuschauen und ihm eigene, vielleicht auch unterschiedliche Namen zu geben. Dieser gemeinsame Weg ist verheißungsvoller, als wenn Einzelne – oft in bester Absicht – den Finger in die Wunde legen. Wir wissen alle, wie heikel das ist. Es wird meist nicht als Dienst an der Gruppe empfunden. Vielmehr stehen die, die den Mund aufmachen, als Negativseher, Nestbeschmutzer, Nörgler etc. da. Wer Schwierigkeiten und Probleme beim Namen nennt, die andere nicht sehen wollen, macht sich schnell Feinde. Und das trägt am Ende nicht zu konstruktiven Lösungen bei. Wenn allerdings eine Gruppe oder ein Gremium gemeinsam bereit sind anzuschauen, was nicht schön und unangenehm ist, dann stehen die Chancen gut, auch gemeinsam einen Umgang damit zu finden.

Diese und andere Begegnungen haben uns geholfen, unsere Arbeit weiterzuentwickeln. Und wir sind dankbar für viele Begegnungen mit Menschen aus sehr unterschiedlichen weltanschaulichen und religiösen Kontexten und von verschiedenen Kontinenten dieser Erde. „Sky Lake Lodge" steht wie viele weitere Orte und Communities in unserem Netzwerk für die Verbundenheit mit dem offenen Himmel und mit göttlicher Kraft.

Finale: Zehn Haltungen für eine gute Zukunftskultur

Wir üben uns ein in eine Kultur, in der wir feiern, was gelingt: was gewachsen ist, was uns geschenkt wurde, was wir miteinander erreicht haben.

Wir üben uns ein in eine Kultur, in der wir zeigen, was wir lieben und wofür wir Leidenschaft haben: Menschen, unsere Erde, Gott ... Sich darin zu verbinden, hat eine große Ausstrahlung.

Wir üben uns ein in eine Kultur, in der Vertrauen die Basis für Gruppenprozesse und Gremienentscheidungen ist. Steuerung und Kontrolle werden so gestaltet, dass sie Vertrauen schützen.

Wir üben uns ein in eine Kultur, die die Selbstwirksamkeit fördert. Begabungen, Kompetenzen und Berufungen von Menschen und Gruppen werden geschätzt und geschützt.

Wir üben uns ein in Achtsamkeit für den ganzen Menschen mit seiner Sehnsucht, Emotionalität und Körperlichkeit und erweitern damit die Rationalität. Wir synchronisieren Kopf und Körper, um nachhaltigere Lösungen entstehen zu lassen.

Wir üben uns ein in eine spirituelle Ausrichtung, die uns öffnet für eine höhere Kraft, die Gutes wirkt. Wir vertrauen darauf, dass wir Gottes Gegenwart und sein Wirken überall und in allem finden können.

Wir üben – alleine und gemeinsam – eine hörende und empfangende Haltung ein. Wir richten uns aus auf das, was uns geschenkt wird: in der Stille, in der Natur, im Miteinander, im Handeln.

Wir üben eine Haltung ein, die Vielstimmigkeit und Unterschiedlichkeit als Ressource für ko-kreative Lösungen versteht und schätzt. In Kontroversen und Widerständen werden die Potenziale für das Ganze gesucht.

Wir üben eine Haltung des Dialogs ein: Wir rechnen ausdrücklich damit, dass sich Gutes, Heilsames und Göttliches auch in Menschen mit anderen Überzeugungen und Standpunkten mitteilt.

Wir üben uns ein, die Hoffnung auf eine gute Zukunft ineinander zu stärken. Im Vertrauen darauf, dass Gott die Welt erhält und erneuert.

Was ich mir zum Schluss notieren möchte:

Was ich mir zum Schluss notieren möchte:

Was ich mir zum Schluss notieren möchte:

Der Mensch wächst mit seiner Hoffnung

„Ein Glaube, der nicht hofft, ist krank. Er ist wie ein hungriges Kind, das nicht essen, oder wie ein müder Mensch, der nicht schlafen will. So gewiß der Mensch glaubt, so gewiß hofft er. Und es ist keine Schande zu hoffen, grenzenlos zu hoffen. Wer wollte auch von Gott reden, ohne zu hoffen. Wer wollte auch von Gott reden, ohne zu hoffen, ihn einmal zu schauen? Wer wollte von Frieden und von der Liebe unter den Menschen reden, ohne sie einmal in Ewigkeit erleben zu wollen? Wer wollte von einer neuen Welt und einer neuen Menschheit reden, ohne zu hoffen, dass er an ihr teilhaben werde?

Und warum sollen wir uns unserer Hoffnung schämen? Nicht unserer Hoffnung werden wir uns einstmals zu schämen haben, sondern unserer ärmlichen und ängstlichen Hoffnungslosigkeit, die Gott nichts zutraut, die in falscher Demut nicht zugreift, wo Gottes Verheißungen gegeben sind, die resigniert in diesem Leben und sich nicht freuen kann auf Gottes ewige Macht und Herrlichkeit. Je mehr ein Mensch zu hoffen wagt, desto größer wird er mit seiner Hoffnung: Der Mensch wächst mit seiner Hoffnung – wenn es nur die Hoffnung auf Gott und seine alleinige Kraft ist. Die Hoffnung bleibt."

Dietrich Bonhoeffer in einer Predigt zu 1. Korintherbrief 13,13 am Reformationsfest 1934 in London (DBW 13, 401 f.)

Literatur

Baecker, Dirk: 4.0 oder Die Lücke, die der Rechner lässt, Leipzig 2018.

Baldwin, Christina; Linnea, Ann: Circle. Die Kraft des Kreises. Gespräche und Meetings inspirierend, schöpferisch und effektiv gestalten, Weinheim 2014.

Bohm, David: Der Dialog. Das offene Gespräch am Ende der Diskussionen, Stuttgart ^{6}2011.

Bonhoeffer, Dietrich: London 1933-35, DBW 13, Gütersloh 1994.

Butler Bass, Diana: Grounded. Finding God in the World. A Spiritual Revolution, New York 2015.

Dolna, Bernhard: An die Gegenwart Gottes preisgegeben. Abraham Joshua Heschel. Leben und Werk, Mainz 2001.

Forschung zur Aufarbeitung von sexualisierter Gewalt und anderen Missbrauchsformen in der Evangelischen Kirche und Diakonie in Deutschland. Abschlussbericht, hg. v. Forschungsverbund ForuM, 2024 (https://www.forum-studie.de/wp-content/uploads/2024/02/Abschlussbericht_ForuM_21-02-2024.pdf, eingesehen am 14.3.2024).

Fuchs, Thomas: Das Gehirn – ein Beziehungsorgan. Eine phänomenologisch-ökologische Konzeption, Stuttgart ^{6}2021.

Hartmann, Isabel; Knieling, Reiner: Gemeinde neu denken. Geistliche Orientierung in wachsender Komplexität, Gütersloh ^{3}2018.

– Gott: Wie wir den Einen suchten und das Universum in uns fanden, Gütersloh 2019.

Knieling, Reiner: Kraftworte. Psalmen neu formuliert, Asslar 2021.
– Kraftworte. Jesus Christus begegnen, Asslar 2022.
– Kraftworte. Voller Zuversicht leben, Asslar 2023.
– Plädoyer für unvollkommene Gemeinden. Heilsame Impulse, Göttingen ²2009.
Laloux, Frederic: Reinventing Organizations. Ein Leitfaden zur Gestaltung sinnstiftender Formen der Zusammenarbeit, München 2015.
Lambert, Willi: Zeiten zum Aufatmen. Seelsorge und christliche Lebenskultur, Mainz 2008.
Magnis, Esther Maria: Gott braucht dich nicht. Eine Bekehrung, Reinbek bei Hamburg 2012.
Mau, Steffen; Lux, Thomas; Westheuser, Linus: Triggerpunkte. Konsens und Konflikt in der Gegenwartsgesellschaft, Berlin ³2023.
Moore, Peter: Neuerfindung der Religion. Jenseits von Glaube und Skeptizismus, Zürich 2022.
Ötsch, Walter; Horaczek Nina: Populismus für Anfänger. Anleitung zur Volksverführung, Frankfurt a.M. 2017.
– Wir wollen unsere Zukunft zurück. Streitschrift für mehr Phantasie in der Politik, Frankfurt a.M. 2021.
Ott, Anna: Kultursteuer statt Kirchensteuer? Die deutsche Kirchenfinanzierung auf dem Prüfstand, Freiburg i.Br. 2024.
Piketty, Thomas: Eine kurze Geschichte der Gleichheit, München 2022.
Rohr, Richard: Alles trägt den einen Namen. Die Wiederentdeckung des universalen Christus, Gütersloh ²2019.
Rosa, Hartmut: Demokratie braucht Religion. Über ein eigentümliches Resonanzverhältnis, München ⁹2023.
Rovelli, Carlo: Die Wirklichkeit, die nicht so ist, wie sie scheint, Reinbek bei Hamburg ²2017.
Scharmer, Otto C.: The Essentials of Theory U. Core Principles and Applications, Oakland (CA) 2018.
Schmitz, Hermann: Der Leib, der Raum und die Gefühle, Bielefeld u. a. 2009.

Sprenger, Carlo: Zivilisierte Verachtung. Eine Anleitung zur Verteidigung unserer Freiheit, Berlin ^{6}2017.

Stadler, Arnold: „Die Menschen lügen. Alle“ und andere Psalmen, Frankfurt a.M. u. a. 1999.

Stutz, Pierre: Du hast mir Raum geschaffen, München ^{2}1997.

Waldenfels, Bernhard: Gespür für die Dinge, in: Meyer, Petra Maria (Hg.): Intuition, München 2012, 204–226.

Was ist ökologische Theologie, Jürgen Moltmann? Ein Interview von Kathrin S. Kürzinger und Martin Horstmann (https://www.glaubeliebewandel.de/juergen-moltmann/, eingesehen am 13.3.2024).

Wer wir waren. Das Buch zum Film. Nach Roger Willemsens Zukunftsrede, hg. v. Marc Bauder; Lars Abromeit, München 2021.

Wie hältst du's mit der Kirche? Zur Bedeutung der Kirche in der Gesellschaft. Erste Ergebnisse der 6. Kirchenmitgliedschaftsuntersuchung, hg. v. von der Evangelischen Kirche in Deutschland (EKD), Leipzig 2023.

Wink, Walter: Verwandlung der Mächte. Eine Theologie der Gewaltfreiheit, Regensburg 2014.

Bibeltexte sind, soweit nicht anders angegeben, nach der Lutherübersetzung 2017 zitiert: